„Windmühlenflügel, Reisfelder und prächtige Folklore liefern um Arles dem Auge bis heute wunderbare Motive."

***Roland Gerth**, der diesen Band bebildert hat, ist als Fotograf zwar in der ganzen Welt unterwegs, liebt die Provence aber ihrer intensiven Farben wegen besonders.*

***Rita Henß** lebt als freie Autorin in Frankfurt und verbringt ihre Ferien regelmäßig in der Provence.*

Liebe Leserinnen, liebe Leser!

Endlos erscheinende duftende Lavendelfelder, sich im Wind wiegende Sonnenblumen, rot leuchtende Mohnwiesen, tiefe Schluchten, die Camargue mit ihren Salzsümpfen und Stränden – die Provence ist eine Landschaft der Kontraste, eine Region, die alle Sinne anspricht und eines der attraktivsten europäischen Reiseziele.

Mittelalter hautnah

Und das nicht nur wegen der zauberhaften Natur. Im Hinterland sind viele malerische Dörfer zu entdecken, begeben Sie sich östlich von Avignon auf Entdeckungsreise, vor allem in der Vor- und Nachsaison sind Sie weitgehend mit sich und der Idylle allein. Wahre Highlights sind zudem der mächtige Papstpalast in Avignon, die römischen Hinterlassenschaften in Orange und Arles oder die Paläste aus dem 17./18. Jh. in Aix-en-Provence. Eine meiner persönlichen „Lieblingssehenswürdigkeiten" ist die Zisterzienserabtei Le Thoronet. Sollten Sie sie in ihre Reiseplanung einschließen, dann müssen Sie unbedingt das Buch „Singende Steine" von Fernand Pouillon lesen. Es erzählt vom Bau der romanischen Abtei und vom entbehrungsreichen Leben der Mönche. Noch heute liegt Le Thoronet ganz abgeschieden, hier kann man gut von mittelalterlichen Zeiten träumen (ohne sie herbeizuwünschen!!).

Unsere Favoriten

Neu getextet wurde für diese Auflage die Rubrik „Unsere Favoriten". Rita Henß hat für Sie faszinierende Aussichtspunkte entdeckt, teilweise fernab jeglichen Trubels (S. 20). Oder mögen Sie gerade den? Dann schauen Sie sich unsere Lieblingsmärkte an (S. 94). Fast an jedem Wochentag wird in einem Städtchen ein Markt abgehalten. Bauern der Region bieten ihre Waren an und Sie dürfen in Duft und Farbenpracht schwelgen. Zu einem tollen Urlaub gehört nicht zuletzt eine gute Unterkunft. Wollen Sie mal etwas Ausgefallenes probieren? Vielleicht folgen Sie einer Empfehlung von Rita Henß und testen, wie man in einer ehemaligen Dorfmühle schläft oder Sie nächtigen auf einem Weingut oder in einem Hotel, in dem schon Picasso und Hemingway logierten (S. 62).
Herzlich

Ihre

Birgit Borowski

Birgit Borowski
Programmleiterin DuMont Bildatlas

108 Die blauvioletten Ähren betören nicht nur Auge und Nase, sie werden auf vielfältige Weise genutzt.

54 Die ungezähmten Pferde in der Camargue verkörpern die Ursprünglichkeit der Region in Frankreichs Süden.

36 Der mächtige Papstpalast von Avignon bildet eine tolle Kulisse für das abendliche Leben in der Stadt.

Impressionen

Orange und der Norden

Avignon und Umgebung

UNSERE FAVORITEN

Best of ...

68 Marseille hat in den vergangenen Jahren große Architekturprojekte angestoßen, darunter das MuCEM am Alten Hafen.

DuMont Aktiv

Genießen Erleben Erfahren

Orange und der Norden 22 – 35
Haute-Provence 100 – 115
Avignon und Umgebung 36 – 53
Arles und Camargue 54 – 67
Marseille und Umgebung 68 – 83
Aix und der Osten 84 – 99
1
2
3
4
5
6
7
8
9
10
GRENOBLE
Valence
Avignon
Arles
MARSEILLE
TOULON
Maßstab 1:950.000
0
10km

Topziele

Die bedeutendsten Ziele in der Provence auf den Gebieten Kultur und Natur haben wir hier für Sie zusammengestellt. Auf den Infoseiten ist das jeweilige Highlight mit **TOPZIEL** *gekennzeichnet.*

NATUR

1 Mont Ventoux: Der höchste Berg der Provence ist kahl auf seinen Höhen, oft windumtost. **Seite 35**

2 Farbspiel in den Ockerbrüchen: Bei einem Spaziergang durch den Colorado de Provence wird erst klar, wie viele Gelb- und Rottöne existieren. **Seite 53**

3 Gorges du Verdon: Tief haben sich die Schluchten ins Tal eingeschnitten, sie ziehen Paddler, Wildwasserfahrer und Kletterer an. **Seite 99**

6

KULTUR

4 Vaison-la-Romaine: In dem Ort breiten sich die römischen Ausgrabungen in ganzen Vierteln aus: Tempel, Reste einer Therme, Villen. **Seite 34**

5 Antike Kulisse in Orange: Schon bei der Einfahrt in die Stadt beeindruckt der große Triumphbogen aus der Römerzeit, in der Stadt sind es die Ränge des antiken Theaters. **Seite 35**

6 Papstpalast in Avignon: Massiv recken sich die grauen Mauern des Papstpalastes in Avignon in den Himmel. Über Jahrzehnte hatten die Päpste hier ihr Exil. **Seite 51**

2

1

7

7 Arena in Arles: Das große Rund der Arena ist eindrucksvoll – sie bot einst mehr als 20000 Zuschauern Platz. **Seite 66**

8 Hafen von Marseille: Am Alten Hafen, dessen Flanken Restaurants, Läden und neue Hotels säumen, zeigt sich Marseilles städtebaulicher Umbruch am deutlichsten. **Seite 81**

9 Aix-en-Provence: In der Stadt mit der freundlichen Atmosphäre haben sich zwischen alten Palais Cafés angesiedelt, in denen man die Zeit verstreichen lassen kann. **Seite 97**

10 Sisteron: Die Lage von Sisteron ist außergewöhnlich: Die Altstadt breitet sich unterhalb eines hoch aufragenden Felsens an der Durance aus. **Seite 113**

Weltoffener Aufbruch

Marseille gilt vielen als Inbegriff der mediterranen Hafenstadt. Nicht zuletzt im Zusammenhang mit dem Kulturhauptstadtjahr 2013 wurden Großprojekte vorangetrieben. Zu diesen zählt das MuCEM (Musée des Civilisations de l'Europe et de la Méditerranée), das an der Spitze des Alten Hafens als leuchtend blauer Würfel die Blicke auf sich zieht.

Den Blick stets nach oben!

Ein Geheimtipp sind die Gorges du Verdon nun wahrhaftig nicht mehr. Extremkletterer aber finden mit Sicherheit einen Platz für sich an den steil aufragenden Wänden der Schlucht. Für weniger Geübte halten die Gorges du Verdon auch etwas leichtere Passagen bereit – und alle anderen werden vom Wasser aus bewundernde Blicke in die Höhe senden.

Im Schatten mächtiger Mauern

Der Papstpalast von Avignon – machtvoll demonstriert er noch heute die Bedeutung, die er als Exilresidenz der Päpste einst besaß. Seine gigantischen Ausmaße sind bereits von Ferne zu ermessen, so von der Île de la Barthelasse, von wo der Blick über den Pont St-Bénézet und den Rocher des Doms bis zum Palast schweift.

Ein Hauch von Freiheit

Pferden in freier Wildbahn in der Camargue zu begegnen, weckt Vorstellungen von Ursprünglichkeit. Auf Wanderwegen oder auch bei einer „Promenade à cheval", einem Ausritt, erschließt sich die großartige, weitläufige Landschaft zwischen den Rhônearmen.

Bunt und vielfältig

Fein oder deftig kann sich die Küche der Provence geben, traditionell oder innovativ. Gewürze spielen dabei in jedem Fall eine wichtige Rolle. So manches einfache Gericht erfährt durch die Fantasie eines Sternekochs neue Spritzigkeit – auch er wird die Zutaten dafür auf einem der heimischen Märkte wie hier in Saint-Saturnin-lès-Apt finden.

Poivre de sichuan
Moutardes graines
Oignon
Echalote
Persil
Safran chinois
Sésame blanc
Cumin graines
Sésame doré
Badiane
Tandoori

Baukunst in lila Feldern

So schön kann Schlichtheit sein. Noch dazu, wenn blauviolette Lavendelfelder einen so wunderbaren Kontrast zum Mauerwerk schaffen. Als Zisterzienserbauwerk zeichnet sich die Abtei von Sénanque durch klare Formgebung und Gestaltung und durch ihre harmonischen Proportionen aus.

Die besten Aussichtspunkte

Faszinierende Weiten des Landes

Hochplateaus und Burgtürme, befestigte Dörfer und steile Küstenfelsen – die Provence ist reich an wunderbaren Aussichtspunkten. Viele sind bestens ausgeschildert, manche jedoch muss man über versteckte Pfade entdecken. Unser Ranking verrät die sechs besten Plätze für tolle Ausblicke von alten Festungen oder auch besonderen Waldwegen.

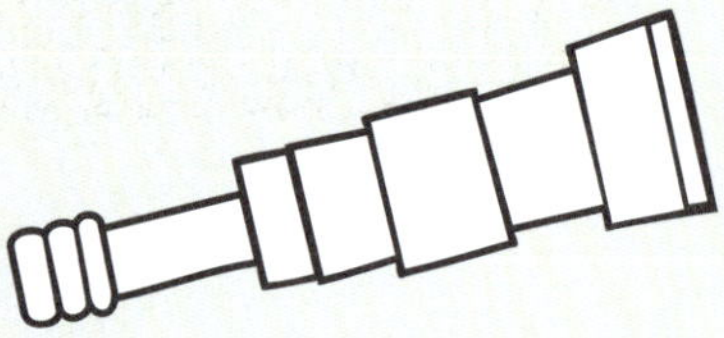

5

1 Les Baux-de-Provence

Besser von unten hinaufstaunen oder von oben das Panorama bewundern? Les Baux-de-Provence macht es einem nicht leicht. Der schroffe Fels (provenzalisch: *baou)* der auf einem 200 m hohen Plateau der Alpillles liegenden mittelalterlichen Festungssiedlung beeindruckt schon vom Tal her. Oben ist es dann die Weite, die sich von der Höhe des Burgturms auftut. Bei guter Sicht flirrt am Horizont sogar das Meer und es zeichnet sich die Silhouette von Marseille ab.

2 Forêt des cèdres

Weit zieht sich der Chemin du Fôret von der D 36 bei Bonnieux hinein in den historischen Zedernwald. Der Ort ist südöstlich von Apt in der Vaucluse gelegen. Mächtig ragen die ab 1860 aus Samen vom Atlas-Gebirge entsprossenen Bäume des Waldes beiderseits des Asphaltbandes auf. Nach ein paar Hundert Metern zweigt links ein Pfad ab, der sich längs der Südflanke des Petit Luberon durch abwechslungsreiches Gelände schlängelt. Immer wieder öffnet sich dabei der von Zwergiris, Hauswurz und Vaterkraut gesäumte Blättergang und die Lücken im Buschwerk geben den Blick auf das tief unten liegende, breite Tal der mäandernden Durance frei. Der Wald aber ist nicht nur ein beliebtes Ziel von Wanderern, auch Radfahrer wählen gerne dieses Gebiet.

3 Café du Progrès

Zwei Stufen führen hinab in das kleine Bureau Tabac mit Zeitungen, Magazinen und kurzem Café-Tresen, an dem die Einheimischen von Ménerbes sich immer wieder mal auf ein Schwätzchen treffen. Doch wer sich von diesem engen Entrée nicht täuschen lässt, entdeckt bald, dass das Reich von Madame Carmen und Monsieur Patrick sich zu einem rustikalen Salon weitet. Dessen Front wiederum öffnet sich zu einer schmalen, mit ein paar Tischchen möblierten Terrasse, die hoch über der weiten Ebene der Flüsschen Réal und Cavalon schwebt ... mit Sicht sogar bis zum Mont Ventoux! Bei dieser Lage schweift der Blick beim Zeitunglesen dann doch gerne immer wieder ab ...

Café du Progres, 31, Rue Raoul et Raymond Sylvestre, 84560 Ménerbes, Tel. 04 90 72 22 09

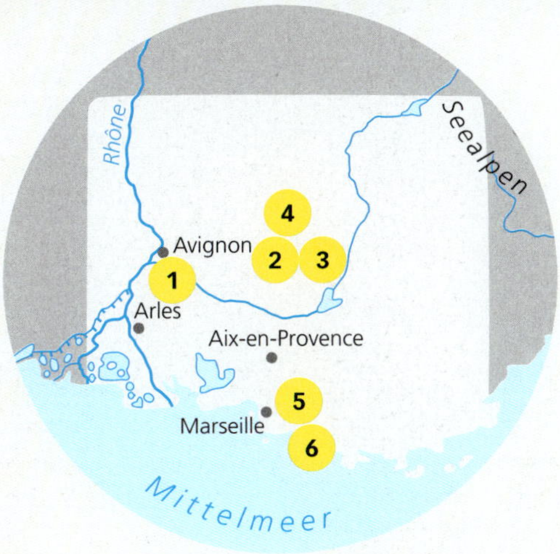

4 Le Rocher de Saignon

Wie ein steinerner Schiffsbug ragt der mächtige Fels am Rand von Saignon himmelwärts. Der 1000-Seelen-Ort ist einer der ältesten in der ganzen Provence. Sein Name leitet sich vom lateinischen Wort „signum" – Signal ab. Denn der mächtige, von einer schmalen Treppe erschlossene Rocher de Saignon, der Fels, war einst ein strategisch wichtiger Ausguck. Weit kann der Blick von seiner Höhe in alle Richtungen schweifen – mit ein wenig Glück bei gutem Wetter sogar bis zu den Gipfeln der Hautes-Alpes.

5 Fort St-Jean, Marseille

Vom Plateau des Fort St-Jean, das neu gestaltet wurde, und insbesondere von seinen Jardins des Migrations – einem 12 000 m² großen, mediterranen Hügelgarten zu Ehren aller, die in Marseille anlandeten –, bietet sich ein wunderbares Meerespanorama in Marseille: Da ist das neue, netzfassadige Musée des Civilisations de l'Europe et de la Méditerranée – MuCEM, die sprungbrettartig ausgebildeten Villa Mediterranée daneben und das ebenfalls neu gestalteten Areal um die Kirche Saint-Major zur Rechten. Selten erfasst man mit einem Blick derartig charakteristische alte und moderne Bauten.

6 Belvédère de Sugiton

Eine halbe Stunde Fußmarsch: mehr braucht es nicht von Marseilles 9. Arrondissement Luminy zu einem der schönsten Aussichtspunkte der Calanques an der Küste südöstlich der Hafenstadt. Ein breiter, teils baumbestandener Kieselpfad mündet hier 450 m über dem Meeresspiegel in ein bizarr gezacktes Klippenensemble. Von der gesicherten Plattform dieses „Tour d'Orient" erfeut sich das Auge unter anderem an der Calanque von Sugiton, am Puget-Massiv und an der Felsenkerze Grande Candelle, an der Île des Embiez sowie am Cap und an der Calanque Morgiou.

Anfahrt: Buslinie 21 ab Marseille Rond Point du Prado bis Endstation, der Wegbeginn in Luminy ist durch ein Holzhaus markiert.

Antike vom Feinsten

Einem leisen Versprechen gleicht die Provence in ihrem nördlichsten Teil: mit einer ersten Ahnung der späteren Fülle. Festungsdörfer thronen über den Ebenen, die fruchtbare Erde birgt Trüffel, sie lässt Ölbäume gedeihen, der Lavendel bedeckt die Erde leuchtend violett. Das weiße Spitzenband der Dentelles de Montmirail eint Rebengrün und Himmelsblau, und so majestätisch wie Orange von der Römerzeit kündet der Mont Ventoux von den Voralpen.

Wie ewiger Schnee schimmert die kalkige Gipfelkuppe des höchsten Berges der Provence, des Mont Ventoux.

Im Norden der Provence erhellen imposante Zeugnisse der Antike den römischen Alltag noch heute, in Vaison-la-Romaine wie in Orange. Der UNESCO schienen vor allem der Triumphbogen (unten) und das Amphitheater (rechts) von Orange, das unter der Regentschaft von Kaiser Augustus errichtet wurde, als unbedingt schützenswert.

Weisser Nougat

Special

Süße Spezialität aus Montélimar

In den großen Kupferkesseln wird aus Lavendelhonig, Zucker und Eischnee jener Sirup gerührt, der die Basis für die berühmte weiße Spezialität der Stadt bildet.

Leckerei in Form eines Meilensteins

Die Männer, die bei Arnaud Soubeyran diese Aufgabe übernehmen, scheinen auch Künstler des Worts zu sein. „Nous gars tendres“ („nugatandre“) – zu Deutsch: wir weichen Kerle, lautmalerisch aber auch „weiches Nougat“ – steht auf ihren T-Shirts geschrieben. Von „nux gatum“ (Kuchen mit Nüssen), so heißt es, habe die Spezialität ihren Namen und ihre Wurzeln seien griechisch-römisch oder arabisch-orientalisch.

Die Aufschrift zeigt es: Der Nougat kommt direkt aus Montélimar.

Wie dem auch sei: Bereits im Mittelalter kannte man in der Provence die süße Leckerei. Aber im 16. Jahrhundert erst avancierte Montélimar als wichtige Poststation auf dem Weg in den Süden zur Produktionsmetropole. Später siedelten sich die Nougatiers um den Bahnhof an, und beim Aufkommen des Automobils rückten die damals rund 100 Fabrikanten nahe an die Durchgangsstraße. Aus dieser Blütezeit des Montélimarer Nougats stammen bis heute manche Verpackungen, die einem „Meilenstein“ gleichen. Wie der Wein der Provence hat auch der Nougat seine eigene Gütebezeichnung, die A.O.C. Doch was heute von den verbliebenen Nougatiers im Ort auf Bleche gestrichen und später in mundgerechte Würfel geschnitten wird, enthält im besten Falle 30 Prozent Mandeln und Pistazien sowie 25 Prozent Honig.

Mehr als 6000 Jahre alt ist das Leben im mittleren Rhônetal, dem Tor zur Provence. Voller Stolz blicken seine Bewohner – so sie nicht in den lebendigeren, dichter besiedelten Süden abgewandert sind – zurück auf die Anfänge der Region, als sie Teil der vorchristlichen Provincia Romana war. Die ersten Zeugnisse der Antike erstrecken sich nicht nur unmittelbar am Flussufer, sondern weit landeinwärts, Vaison-la-Romaine zum Beispiel birgt wahre Schätze. Die größte archäologische Ausgrabungsstätte Frankreichs vermag hier anschaulich den Alltag der Römer in der Provinz zu vermitteln. Und auch Mittelalter und Renaissance zeigen vielerorts prächtige Spuren, sei es in Gestalt von Schlössern und Burgen, sei es in der typischen Steinarchitektur der Winzer- und Festungsdörfer.

Orange: Holland trifft Rom

Via Agrippa nannten die Römer die von ihnen geschaffene Straßenverbindung zwischen Lyon und Arles. Heute trägt sie die Bezeichnung Nationale 7 und reiht wie Perlen auf einer Schnur die eindrucksvollsten Relikte der antiken Provence aneinander. Den monumentalen Auftakt bildet der Triumphbogen von Orange. Die Stadt am Ufer des Flüsschens Meyne zählte zu den prächtigsten in der vorchristlichen Zeit. Allein ihr Theater bot Platz für annähernd 10 000 Zuschauer. Die imposante Rückwand des Bühnenraumes – sie misst mehr als 100 Meter in der Breite und ragt fast 40 Meter in die Höhe – nannte Frankreichs Sonnenkönig Ludwig XIV. angeblich „die schönste Mauer meines Königreichs“. Inzwischen von einer transparenten Dachkonstruktion geschützt, dient sie alljährlich als Kulisse für die „Chorégies d' Orange“, sommerliche Festspiele mit Konzerten und Opernaufführungen. Noch der leiseste Ton der Instrumente und Sänger ist bis in die obersten Reihen zu hören.

In der Nachfolge eines ehemaligen Sängers der Gegend – des Herrn Raim-

In Nyons spannt sich die Brücke seit der Romanik über den Fluss (rechts). Der Ort ist in wirtschaftlicher Hinsicht mit der Olivenproduktion verbunden, das nahe gelegene Taulignan (ganz unten) hingegen stand einst für die Seidenproduktion. Der Tour Randonne (13. Jh.) steht auf dem Kalvarienberg in Nyons (unten).

Unter den Arkaden am Platz in Nyons lässt sich wunderbar ein Sommernachmittag verbringen.

Im Schloss von Grignan entstand im 17. Jahrhundert großartige Briefkunst, die Ereignisse am Hofe des Sonnenkönigs ebenso aufgriff wie Annehmlichkeiten des Lebens in der Provence.

„Diese Vorhalle ist schön, und man kann dort sehr angenehm speisen. Man steigt über eine große Freitreppe zu ihr hinauf ..."

Marquise de Sévigné über Schloss Grignan

baut d'Orange, Prinz und zugleich berühmter Troubadour (er hegte eine leidenschaftliche Liaison mit der nicht minder berühmten Troubadoura Beatriz de Dia) – ergab sich durch Heirat, Erbschaft und Kauf im 16. Jahrhundert die Verbindung des Fürstentums Orange mit dem niederländischen Zweig des Hauses Nassau. Wilhelm I. von Nassau-Dillenburg durfte sich als Erster seiner Linie Prince d'Orange (Fürst von Oranien) nennen. Bis heute tragen Hollands Regenten diesen Titel; auch ihre Wappenfarbe Orange leitet sich vom Namen ihres einstigen kleinen Besitztums in der Provence ab.

Grafen und Briefe

Der Name Adhémar de Monteil eint indes die beiden wohl eindrucksvollsten der erhaltenen Schlossburgen in der nördlichen Provence: Aus dem Besitz Montelium Adhemari resultiert der Stadtname Montélimar, und das Schloss derer von Grignan baut die Familie Adhémar zu einem imposanten Bollwerk mit weitem Blick über das Land aus. Ein Neffe des letzten Grafen verbindet sich in dritter Ehe mit einer gewissen Françoise-Marguerite de Sévigné. Die Brautmutter, eine hochadelige Pariser Witwe, hält mit ihren regelmäßigen schriftlichen Berichten ihr „exiliertes" Töchterchen zwischen ihren Besuchen auf Grignan über das Leben in der Hauptstadt auf dem Laufenden. Der freie Ton und Stil ihrer Korrespondenz macht diese zu einer kleinen Sensation, und Marquise de Sévigné geht als berühmte Briefautorin in die französische Literaturgeschichte ein.

Schufterei für die Seide

Schon lange vor dem Aufenthalt von Madame de Sevigné auf Schloss Grignan breitet sich der Maulbeerbaum in der ländlichen Region südöstlich von Montélimar aus. Im Jahr 1868 zählt man im heutigen Gebiet der Drôme gut fünf Millionen dieser Bäume, deren Blätter der Seidenraupe als Nahrung dienen. Mehr als 300 Kommunen betreiben damals eine Seidenraupenzucht. Eine Vielzahl kleinerer Spinnereien entsteht und gewährleistet die Verarbeitung der Kokons direkt vor Ort. Doch bald weichen diese Familienbetriebe industriellen Etablissements. Sie bedienen sich der Wasserkraft kleiner Flüsse wie des Berre und des Ley. Es sind vor allem nun elternlose Mädchen und junge Frauen, die in den neuen Großunternehmen beschäftigt werden. Zum Teil handelt es sich um regelrechte Pensionatsfabriken, in denen Waisen für kümmerlichsten Lohn schuften. David Armandy, dessen Imperium letztlich annähernd 50 Spinnereien und

Abweisend und einladend zugleich sind die Höhen des Mont Ventoux.

Der Anblick der zackigen Silhouette der Dentelles de Montmirail verzaubert im weichen Licht.

Vom Winzerort Séguret schweift der Blick weit über das Tal der Rhône – festgehalten in so manchem Ölbild eines Malers oder per Aquarell.

„Servez-vous!" – der Aufstieg auf den Mont Ventoux ist nicht ohne, und so sind derart köstlich erfrischende Früchte nach den Mühen äußerst willkommen.

3000 Angestellte umfasst, ist einer der Ersten, der diese Betriebsart in seinem Heimatstädtchen Taulignan installiert. Andere nordprovenzalische Seidenbetriebe, darunter auch jene von Grignan, übernehmen sein Modell. Billigseide aus Fernost macht diesem Industriezweig im 20. Jahrhundert jedoch den Garaus.

Balkon für Künstler

Der Sicherheit (securitas) des Ortes verdankt er seinen Namen: Séguret. Heute ist es seine Schönheit, die die Menschen lockt. Wie von einem Balkon blickt man aus dem mauerumgürteten, von einer Burgruine beherrschten Weinörtchen ins Rhônetal. In den Gassen drängen sich Renaissancebauten mit türkisfarbenen Fensterläden um die romanische Kirche, den mittelalterlichen Glockenturm und die barocke Fontäne. Ein Szenarium, das auch Künstlerherzen höher schlagen lässt. Das inmitten einer Landschaft von Rebgärten, Zypressen, Feigen-, Maulbeer- und Olivenbäumen gelegene Séguret bietet Künstlern aber nicht nur zahlreiche Motive für ihre Arbeit. Seit mehr als drei Jahrzehnten eröffnet das Atelier de Séguret ihnen auch den passenden Aufenthaltsrahmen. In einigen Häusern im Ortskern wurden ein gutes Dutzend einfacher Übernachtungszimmer eingerichtet. Zudem gibt es Werkstätten für Malerei und Druckkunst sowie ein Fotolabor. Zeitgenössische Künstler aus der ganzen Welt nutzten inzwischen schon die Möglichkeit, eine Zeit lang in Séguret zu wohnen und mit Feder, Pinsel, Meißel oder Kamera schöpferisch tätig zu sein. Der kreative Geist der Gäste ist überall im Ort zu spüren. Wie farbenfrohe kleine Skulpturen wirken auch die Speisen, die Lucie und Christophe in ihrem Restaurant Mesclun servieren.

Unbarmherziger Bergkönig

Auch ein italienischer Dichter erlag vor langer Zeit dem Zauber der Region. Angeschlagen durch eine unglückliche Liebe zu einer verheirateten Frau, sucht Francesco Petrarca Ablenkung in der Natur. Am 26. April 1336 macht er sich daher zusammen mit seinem Bruder und zwei weiteren Begleitern zum Gipfel des Mont Ventoux auf, des „windigen Berges", der in königlicher Einsamkeit, mit kalkweißem Haupt, weithin sichtbar in den Himmel ragt. Der Poet nimmt freiwillig, „lediglich aus Verlangen", die Mühsal des Aufstiegs auf sich. In seinen Kunstbriefen wird er das Unterfangen, bei dem er nicht nur die Schönheit der Landschaft erblickt, sondern eine „Erregung des Herzens" empfindet, später ausführlich schildern.

Sowohl den Wanderern, die heute über die beiden Fernwanderwege GR 9 und GR 4 zum Gipfel streben, als auch den Radsportlern, die ihre Waden an den Flanken des Mons Ventosus erproben, sind diese Briefe wohl ziemlich egal.

Ein Szenarium, das auch Künstlerherzen höher schlagen lässt.

Sie fürchten – Freizeitpedalritter wie Profis der Tour-de-France – die steilen Anstiege wie auch die kahle Kuppe des Berggiganten, da sich dort im Sommer mörderische Hitze und starker Wind vereinen. Doch lässt die Aussicht, Mittelmeer und Alpengipfel bei gutem Wetter zu erblicken, einige Mühen vergessen.

TRÜFFELSUCHE

Schwarze Köstlichkeiten

Französische Trüffel – da denken die meisten sicher zuerst an das Périgord. Doch das Gros der kostbaren Pilze stammt aus der nördlichen Provence, genauer gesagt aus den Regionen Drôme und Vaucluse.

Vor allem das Tricastin, das Gebiet östlich der Rhône zwischen Montélimar, Orange und Nyons, gilt als fruchtbarstes Terrain für die „schwarzen Diamanten". 68 Gemeinden formen hier die A.O.C.-Fläche für die „tuber melanosporum vittadini".

Aromatische Bodenschätze

Im Winter ist Hochsaison für die Trüffeln, die wild vor allem unter Steineichen, aber auch unter Nussbäumen gedeihen. Von Mitte November bis Mitte März machen sich die *caveurs* auf die Suche, meist mit speziell abgerichteten Hunden als Schnüffelhilfe. Auch Schweine wurden eingesetzt.

Ein schwerer, leicht nussiger, erdiger Geruch weist den Suchenden den Weg. „Rabasse" heißen die begehrten dunklen Klumpen auf Provenzalisch, denn wenn das Tier fündig geworden ist, muss der Mensch sich tief bücken oder auf die Knie gehen (frz. „se rabaisser"; wörtl. erniedrigen), um mit der Trüffelhacke (prov. „fouji") und den Händen den Boden aufzukratzen und die Trüffeln aus ihrem Erdversteck zu lösen. Normalerweise liegen die Trüffelknollen bis zu etwa 20 Zentimetern unter der Erdoberfläche, manche wachsen aber auch in ein oder zwei Meter Tiefe.

Langer Weg zum Genuss

Die meisten Trüffeln entstammen auch in der Provence inzwischen nicht mehr „wilden" Fundstätten, sondern sind Zuchtprodukte. Es gibt regelrechte Trüffelplantagen.

Aber die Bewirtschaftung dieser Plantagen ist ein fast ebenso aufwändiges Unterfangen wie die Suche nach den natürlichen Erddiamanten: Mindestens zehn Jahre dauert es, bis sich die Trüffelsporen an den Baumwurzeln angesetzt haben. Auch das Klima muss passen: Längere Trockenheit und Hitze sind die ärgsten Feinde der Trüffel. Zudem spielen Bodenbeschaffenheit (möglichst kalkhaltig, mit einem pH-Wert von ca. 7) und Pflanzengüte eine wichtige Rolle für den Erfolg eines „trufficulteur".

Beste Zeit

Das mittelalterlich anmutende Carpentras ist für professionelle Trüffelkäufer die erste Adresse, doch am weitesten reicht der Trüffel-Ruf des Drôme-Örtchens Richerenches.

Die Trüffeln werden auf speziellen Märkten verkauft. Die Saison ist kurz, nach Überzeugung der *rabassiers* ist sie von St-Siffrein (27. November) bis zum Tag des hl. Joseph (19. März). In diesem Zeitraum finden sich die Kenner und Käufer auf den morgendlichen Trüffelmärkten zusammen.

„Melano" oder „brumale" – Kenner können die erstklassige Sorte von der weniger kostbaren auf einen Blick unterscheiden. Und sie genießen Gerichte mit Trüffeln wie in der Domaine de Capelongue.

Mit dem Messer wird bei der Zubereitung vorsichtig Erde von der Knolle gekratzt, bevor ein Pinselchen Rückstände entfernt.

Fakten & Informationen

Trüffelmärkte und -feste

Die wichtigsten sind jene von Carpentras (Freitag), Richerenches (Samstag) und Valréas (Mittwoch). Weitere Märkte finden in Vaison-la-Romaine, Grignan, St-Paul-Trois-Châteaux und Nyons sowie in Ménerbes statt.

MONTÉLIMAR
Montélimar
Viviers
Châteauneuf
Donzère
Pierrelatte
Bourg-St Andéol
St Paul-Trois-Châteaux
Grignan
Valréas
Nyons
Dieulefit
Mont Rachas
Montagne d'Angèle
Baronnies
Buis-les-Baronnies
Vaison-la-Romaine
Ruines romaines
Séguret
Malaucène
Mont Ventoux
Montagne de Bluye
Combe de la Canaud
Dentelles de Montmirail
Bollène
Pont-St Esprit
Mondragon
Mornas-les-Adrets
Bagnols-sur-Cèze
ORANGE
Théâtre Antique
Arc de Triomphe
Châteauneuf-du-Pape
CARPENTRAS
Sault
Montbrun-les-Bains
Montagne d'Albion
Montagne de la Clavelière
Autoroute du Soleil
Route de la vie Romaine
TGV Méditerranée
Rhône
Gorges de la Nesque
Maßstab 1:310.000
0
3
6km
1
2
3
4
5

Bergkamm und Schlucht, Nougat und Wein

Eindrucksvoll sind die Spuren der Römer in der Nordprovence. Prachtvolle Schlossburgen erinnern in Montélimar und Grignan an die Macht hier ansässiger Grafen vom Mittelalter bis zur Renaissance. Bergfreaks lässt der Anblick der Dentelles de Montmirail und des Mont Ventoux das Herz höher schlagen.

1 Montélimar

Köstliches weißes Nougat und einer der wenigen erhaltenen mittelalterlichen Wehrbauten im Rhônetal lohnen den Stopp in Montélimar. Die Stadt erfuhr im Laufe ihrer fast 6000-jährigen Geschichte zahlreiche Höhen und Tiefen. Päpstlicher Besitz im Mittelalter, dann religiöses Zentrum der Protestanten, wandelte sie sich im 18. Jh. schließlich zum modernen Handelszentrum.

Tipp

Höhlendorf

Etwa auf halber Strecke zwischen Montélimar und Orange liegt in den Bergen von Bollène ein verzweigtes Troglodytendorf. Entstanden aus einem Römercamp, war es bis 1875 besiedelt. Fast alle Männer hier arbeiteten in den nahen Sandsteinbrüchen. Außer ihren Wohnstätten gruben die Siedler des Barry auch Ställe, Getreidespeicher, eine Kapelle und ein Gefängnis aus dem weichen Stein. In Privatinitiative wurden inzwischen einige der aufgelassenen Höhlenbauten restauriert. Auf verschiedenen Rundparcours können sie besichtigt werden.

Tourismusamt Bollène
Tel. 04 90 40 51 45,
www.bollenetourisme.com

Neben dem Besuch des imposanten Schlosses und der eindrucksvollen Landschaft bietet sich natürlich ein Shoppingnachmittag in Montélimar an. Zu verlockend, diese Hutauswahl ...

SEHENSWERT
Auf einem Hügel über der Stadt thront eindrucksvoll das mittelalterliche **Château des Adhémar** (zu Ausstellungen tgl. 10.00–12.30 und 14.00–18.00, Juli/Aug. 10.00–18.00 Uhr, Nov.–März Di. geschl.). Im 16. Jh. wurde es zu einer Festungsbastion erweitert und diente lange als Gefängnis. Im Innern des Verteidigungsgürtels ist u. a. eine Kapelle aus dem 11. Jh. erhalten. Die Schlossmauern bergen heute zudem ein Zentrum für zeitgenössische Kunst. Erhalten ist auch das **Haus der Diane von Poitiers,** Favoritin Heinrichs II. (16. Jh.). Einen Blick lohnen die Stiftskirche Ste-Croix sowie das Stadttor St-Martin.

MUSEUM
Um die Spezialität der Stadt dreht sich alles im **Nougat-Museum Soubeyran** (www.nougatsoubeyran.com, Führungen Mo.–Fr. stdl.).

UMGEBUNG
Aus der Erde von **Dieulefit** (ca. 27 km östl.) werden seit alters her Tonwaren geschaffen; weiterhin arbeiten viele Töpfer in dem Städtchen. Das **Tricastin**-Gebiet südöstlich von Montélimar ist bis heute das Trüffelzentrum der Provence.

INFORMATION
Office de Tourisme de Montélimar, Espace St Martin, 26200 Montélimar, Tel. 04 75 01 00 20, www.montelimar-tourisme.com

2 Grignan

Mit einem der größten Renaissance-Schlösser Frankreichs, auf einer felsigen Anhöhe erbaut, beeindruckt Grignan schon von Weitem. Die Kuppe war bereits in der Bronzezeit besiedelt; in frühen Klosterdokumenten ist zudem ein römisches Castellum Gradignanum erwähnt. Madame de Sévigné (1626–1696), eine berühmte Briefeschreiberin des 17. Jh., war häufig in diesem Schloss zu Besuch, in dem ihre Tochter lebte und in dem sie auch starb.

SEHENSWERT
Gigantisch sind sowohl das Ausmaß des mächtigen Schlosskomplexes als auch der Blick von der **Schlossterrasse.** Im Innern des **Schlossgebäudes**, das während der Französischen Revolution zerstört und originalgetreu wiederaufgebaut wurde, sind u. a. das Zimmer und Kabinett von Madame de Sévigné erhalten, wertvolle Tapisserien aus Aubusson sowie Mobiliar aus der Zeit von Louis XIII. (http://chateaux.ladrome.fr, 10.00–12.30, 14.00–18.00 Uhr, Juli/Aug. 10.00–18.00 Uhr, Nov.–März Di. geschl.). Zu Füßen des Schlosses schlängeln sich schmale Gassen, in denen unter anderem Cafés und Kunsthandwerksläden ihren Platz haben. In der 1535 bis 1539 erbauten doppeltürmigen **Stiftskirche St-Sauveur** unterhalb der Schlossterrasse markiert ein Marmorstein vor dem Altar das Grab der Marquise de Sévigné, die hier im 17. Jh. beigesetzt wurde. An der Place du Mail am Fuß des Burghügels beeindruckt das alte Waschhaus in Form eines Säulentempels.

MUSEUM
Untergebracht im Haus des einstigen Burgvogts, der Maison du Baili, beherbergt das **L'Atelier-musée livre & typographie** (Buchdruck-Museum) historische Druckmaschinen und eine aktive Buchdruckwerkstatt (http://colophon-grignan.fr, Di.–Sa. 10.00–12.30, 14.00 bis 18.30 Uhr, Juli/Aug. tgl. und länger geöffn.).

Tipp

Spektakuläre Aussicht

Zwischen Villes-sur-Auzon und dem Lavendelzentrum Sault, südlich des Mont Ventoux, hat sich das Flüsschen Nesque ein tiefes Bett in den Fels gegraben. Ein kurvenreiches Sträßchen (D 942), herrlich für Radfahrer wie für Autobummler, folgt dem Wasserlauf auf rund 20 km durch eine karge, spärlich besiedelte Berglandschaft und eröffnet immer wieder tolle Blicke. In den Rochers du Cire bietet sich auf 872 m Höhe ein grandioser Blick in die rund 300 m tiefer gelegene Schlucht.

Die römische Brücke in Vaison-la-Romaine führt in die engen Gassen der Oberstadt. Um Orange finden sich Weinorte wie Gigondas.

HOTEL
Ein mediterraner Garten mit Pool, 16 Zimmer, Suite sowie ein Sternerestaurant erwarten den Gast im € € **Hotels Clair de Plume** (Place du Mail, Tel. 04 75 91 81 30, www.clairplume.com).

UMGEBUNG
Madame de Sévigné zog sich gerne in die **Grotte von Rochecourbière** im Süden Grignans (ca. 1 km) zurück. Ins Guinnessbuch der Rekorde schaffte es das Gelände **„La Petite Tuilière"**, ebenfalls im Süden. Mehr als tausend provenzalische Krippenfiguren („santons") verkörpern hier lokale Traditionen. Auch das „Atelier des Santoniers" fehlt nicht, mit Figuren, die zwischen 0,7 und 30 cm messen (Le Village Provençal Miniature, Route de Valréas, www.village-miniature.fr). Im nordöstlichen Nachbarort **Taulignan** (7 km) dokumentiert das Musée de la Soie auch die sozialen Schattenseiten der provenzalischen Seidenindustrie (Place du 11 Novembre, www.musee-soie.com, tgl. außer Di. 10.00–12.30, 14.00–18.00 Uhr).

INFORMATION
Office de Tourisme du Pays de Grignan, Place du Jeu de Ballon, 26230 Grignan, Tel. 04 75 46 56 75, www.ville-grignan.fr, www.ladrometourisme.com

3 Nyons

Oliven und exotische Pflanzen wachsen um das von vier Mittelgebirgszügen beschützte Städtchen, das mit dem Aufstieg Avignons zum Sitz der Päpste im späten 13. Jh. erblühte. Als Niomes (von Novio Magus, neuer Markt) ist die Siedlung an dem Flüsschen Eygues schon 972 in einer Schenkungsurkunde ans Kloster St-Césaire in Arles erwähnt.

SEHENSWERT
Am östlichen Ende der Promenade de la Digue überspannt eine **romanische Brücke** den Fluss. An seinem Ufer steht inzwischen neben einer **historischen Ölmühle** auch eine **Lavendeldestillerie** und der Garagenbetrieb eines Essigmachers (www.lapara.fr).

INFORMATION
Office de Tourisme du Pays de Nyons, Place de la Libération, 26111 Nyons, Tel. 04 75 26 10 35, www.paysdenyons.com

4 Vaison-La-Romaine

Frankreichs größte archäologische Ausgrabungsstätte besteht eigentlich aus zwei Städtchen: mittelalterlich das eine, hoch über dem Flüsschen Ouvèze, am anderen Ufer hingegen das andere römisch und voll Leben. Dienstags strömt hier alles zum Markttag zusammen.

SEHENSWERT
Über mehr als 60 Hektar dehnte sich das **römische Vasio** TOPZIEL im 2. Jh. auf dem einstigen Territorium der keltischen Vocontier. Gut ein Viertel der antiken Stadtfläche ist erhalten (im Quartier de la Villasse sowie im Quartier Puymin). Westlich des Quartier de la Villasse steht **Notre-Dame** (11.–13. Jh.) mit schönem Kreuzgang. Über die **römische Brücke** gelangt man in die **Ville Haute**, die Oberstadt, zu Füßen der mittelalterlichen Burg.

MUSEUM
Im archäologischen **Musée Théo-Desplans** erhellt eine Fülle von Ausgrabungsobjekten den Charakter des römischen Alltags in einem Provinzort (Juni–Sept. 9.30–18.30 Uhr, sonst kürzer, ab 10.00/12.00 und 14.00 Uhr).

AKTIVITÄTEN
Der markante Bergkamm der Crête mit grandiosen Aussichten (mons mirabilis) ins Rhônetal erfreut sich bei **Felskletterern** auf allen Schwierigkeitsstufen großer Beliebtheit. Auch **Wanderwege** sind ausgewiesen.

VERANSTALTUNG
Aus bis zu 7000 Kehlen erklingen alle drei Jahre Chorgesänge im römischen Amphitheater. Der Auftritt ist Höhepunkt beim zwölftägigen internationalen Konzert- und Studienfestival **Les Choralies** (www.choralies.fr).

HOTEL
In acht historischen Häusern untergebracht ist das € € € / € € € € **Hotel Crillon Le Brave** (Place de l'Eglise, 84410 Crillon le Brave, Tel 04 90 65 61 61, www.crillonlebrave.com), das Luxus von der Terrasse bis zum Spa bietet.

UMGEBUNG
Scharfzackig und spitz machen südlich von Vaison-la-Romaine die **Dentelles de Montmirail** ihrem Namen alle Ehre, leitet er sich doch vom französischen Begriff für Klöppel-

spitze ab. Höchste Erhebung ist die Crête de St-Amand (734 m). Die Nordseite steigt steil an, die Südflanke des **Mont Ventoux** TOPZIEL weist nur ein sanftes Gefälle auf. An ihrem Fuß herrscht eine Vegetation mit Obstplantagen und Weinbergen vor, die bald dem Dickicht von Eichen weicht. Um das Überleben der Pflanzenvielfalt zu sichern, hat die UNESCO den Mont Ventoux 1990 zum Naturschutzgebiet erklärt. Autofahrer erreichen den Gipfel von Malaucène, Sault oder Bédoin aus. Inspiration für Künstler verheißt **Séguret** (rund 10 km südwestl.).

INFORMATION

Office du Tourisme, Place du Chanoine Sautel, B. P. 53, 84110 Vaison-la-Romaine, Tel. 04 90 36 02 11, www.vaison-ventoux-tourisme.com, www.vaison-la-romaine.com

5 Orange

Das antike Orange galt als eine der prachtvollsten Städte in der Provinz Gallia Narbonensis. Es ging aus einer Siedlung der Kelten hervor, die hier die Gottheit Arausio verehrten.

SEHENSWERT

Imposant ist der dreiteilige, 22 m hohe **Triumphbogen** aus der Zeit um 20 v. Chr. im Norden der Stadt, außerhalb des Zentrums. In der Stadt selbst, die im Kern mit ihren engen Gassen und kleinen Plätzen fast dörflichen Charakter hat, sind die ursprünglich romanische **Kathedrale Notre-Dame** erhalten und der **Rathausturm** (17. Jh.). Vor allem das **Amphitheater** TOPZIEL ist einer der Höhepunkte römischer Architektur, nicht nur der Provence (http://theatre-antique.com, tgl. 9.00–18.00, Juli/Aug. bis 19.00 Uhr, sonst kürzer). Ein toller Blick auf die gesamte Theateranlage bietet sich von dem Hügel St-Eutrope südlich davon. Die mehr als 3 km lange **Stadtmauer** aus der Römerzeit wurde geschleift.

MUSEUM

Zahlreiche antike Ausgrabungsfunde bilden die Sammlungsbasis des **Musée municipal**, des Stadtmuseums (Öffnungszeiten wie Amphitheater), darunter Katastersteine.

UMGEBUNG

Um den Ort Orange liegen zahlreiche exzellente **Weinbaugebiete**: Im Norden bei Uchaux (ca. 8 km), Cairanne (20 km) sowie Suze-la-Rousse (28 km), wo im Schloss die Weinuniversität residiert, die mit Wochenendseminaren auch Amateuren offensteht (www.universite-du-vin.com). Im Osten locken die Rebfelder von Gigondas, Vacqueyras, Beaumes-de-Venise (alle ca. 30–40 km) und dem Mont Ventoux, im Süden die berühmten Lagen von Châteauneuf-du-Pape.

INFORMATION

Office de Tourisme d'Orange, 5, Cours Aristide Briand, 84100 Orange, Tel. 04 90 34 70 88, www.otorange.fr

Genießen Erleben Erfahren

DuMont Aktiv

Aus der Vogelperspektive – die Baronnies

Beim Drachen- beziehungsweise Gleitschirmfliegen lassen sich die Landschaften von Drôme und Vaucluse auf eine besondere Art entdecken. Anfänger buchen zunächst einen Tandemflug mit einem erfahrenen Lehrer.

Im Pays de Séderon, etwa 25 km nördlich von Sault, finden all jene ihr Dorado, die mit den Winden abheben wollen statt auf Schusters Rappen pittoreske Pfade zu erkunden. Wer es zum ersten Mal wagt, muss zunächst gut zuhören. Denn ausführlich erklärt der „moniteur", wie der Gleitschirm funktioniert, was er, der Lehrer, während des Flugs tun wird, und wie wir uns verhalten sollen. Dann steigen wir ins „Geschirr" des Doppelsitzers und schon heißt es: loslaufen. Schüler vorn, Lehrer hinten.

Kaum merklich hebt der Schirm uns weg vom Boden. Es kribbelt ein wenig im Bauch vor Angst, doch bald schon überwiegt der Genuss des Schwebens. Nach dem Kommando des „moniteur" hätte ich sogar selbst die Lenkschnüre ziehen dürfen. Vielleicht beim nächsten Mal ... Die Thermik ist uns hold, und so bleiben wir gut 20 Minuten in der Luft. Mit ein paar Handgriffen steuert mein Lehrer unser Fluggefährt hinab in Richtung einer großen Wiese. So sanft, wie wir aufgestiegen sind, landen wir dort dann auch wieder.

Weitere Informationen

Regionale Veranstalter
Ecole de parapente des Baronnies, Gite communal, La Farette, Tel. 04 75 28 50 80, mobil 06 62 11 74 56, www.provence-parapente.com
Esprit Parapente, Le clos d'aubane, Gresse, Tel. 04 75 28 64 31, mobil 06 63 77 71 91, www.esprit-parapente.com (beide Mévouillon)

Dauer und Kosten
10 bis 20 Minuten (70 Euro). Flüge mit Instruktion und mind. 20 Minuten Dauer 90 bis 120 Euro. Kinder: Mindestgewicht 20 Kilogramm.

Nur Mut – das Erlebnis, über die Küste zu schweben, das Blau des Meerwassers immer im Blick, ist überwältigend.

Papstmacht und Ockerbruch

Sonnenerwärmte Böden, auf denen Reben und Früchte gedeihen. Kleine Weindomänen, lichte Zitadellendörfer, goldrot leuchtende Canyons und als einzige große Stadt das vom Prunk seiner mittelalterlichen Papstära geprägte Avignon – so buchstabiert sich die klassische Provence. Ein filmreifes, alle Sinne betörendes Sehnsuchtsziel zwischen dem mittleren Rhônetal, dem Luberon und den Montagne de Vaucluse.

Erhaben ist der Bau zu nennen, in dem die Päpste während ihres Exils in Avignon residierten – der Palast hat gigantische Ausmaße.

Ein Sommertag in Avignon: Im ruhigen Innenhof eines Restaurants in der Stadt trifft man schon nachmittags Vorbereitungen für die Gäste. Straßenkünstler beleben gegen Abend den Platz vor dem Papstpalast.

Wehrhaft wie eine Festung erstreckt sich der Papstpalast am Ufer der Rhône.

„Es ist ein babylonischer Bau! – Groß, ungeheuer, schreckenerregend."

Moritz Hartmann im 19. Jh. über Avignon

Im Brückenkopf darf getanzt werden. Eine Digitalkamera filmt die eigene Choreografie zum berühmten Lied über den „Pont d'Avignon" – auf dem man sich angeblich schon vor Jahrhunderten tanzend vergnügte: „Sur le pont d' Avignon on y danse, on y danse ...". Tatsächlich fanden die musikalischen Belustigungen stets auf der Insel Barthelasse unter dem Pont St-Bénézet statt, wie das romanische Bauwerk offiziell heißt. Es führte einst nach Villeneuve-lez-Avignon und überspannte mit seinen 22 Steinbögen die Rhône bereits geraume Zeit vor Ankunft der Päpste, die ab 1309 in Avignon residierten.

Prachtvolles Exil

Klemens V. war der Erste, der mehr oder minder freiwillig in der südfranzösischen Stadt seinen Sitz nahm; sein Vorgänger Bonifatius VIII. hatte den Schock über seine Gefangennahme in Anagni durch das großmächtige französische Königshaus nicht überlebt. Nach Klemens V., der sich von König Philipp IV. dazu hatte drängen lassen, den Sitz der Kurie nach Avignon zu verlegen, lebten sechs weitere katholische Kirchenoberhäupter in Avignon. Um dem päpstlichen Exil in der Provence Glanz und Würde zu verleihen, ließen vor allem Benedikt XII. und Klemens VI. den alten Bischofspalast neben der Kathedrale zu einer imposanten Palastanlage ausbauen. Sie diente gleichermaßen als Festung wie als Repräsentationsobjekt.

Aber nicht nur mit dem Palais des Papes setzte der Heilige Stuhl von Avignon prachtvolle architektonische Zeichen. Auch hinter dem westlichen Brückenkopf des Pont St-Bénézet, am Fuß des Mont Andaon, bauten Päpste und Kardinäle prächtige Paläste. Bis heute prägen sie das Stadtbild der 1292 von Philipp dem Schönen zum Schutz der Abtei des heiligen Andreas begründeten Festungssiedlung, die inzwischen schlicht Villeneuve-sur-Avignon heißt.

Bis 1377 dauerte die sogenannte „Babylonische Gefangenschaft" der Päpste in Avignon; in den fast sieben Jahrzehnten wurde die Rhônestadt zur Weltbühne für Politik und Kultur. Ihre Bevölkerung wuchs von etwa 6000 auf das Fünffache an. Verschwendungssucht und Korruption dämpften jedoch den päpstlichen Glanz. Als sich Gregor XI. entschloss, endgültig nach Rom zurückzukehren, ließ Frankreichs König kurzerhand einen Gegenpapst in Avignon wählen. Damit beschwor er das große abendländische Schisma (Kirchenspaltung) herauf, welches die katholische Kirche für ein halbes Jahrhundert spalten sollte.

Wichtige Ziele bei Avignon sind der viel besungene Pont St-Bénézet und die Weinkeller in Châteauneuf-du-Pape.

Festival d'Avignon

Special

Mut zum Experiment

Länger, offener, mit anderen Werken – Olivier Py drückt dem Festival d'Avignon einen neuen Stempel auf. Als Direktor für die Periode bis 2018 setzt der Schauspieler, Regisseur und Theaterautor die Idee seiner Vorgänger, eine Künstlerpersönlichkeit Teile des Festival-Programms verantworten zu lassen, auf ganz eigene Weise fort.

Die Ursprünge des Festivals liegen im Spätsommer 1947. Als Rahmenprogramm zu einer von dem Dichter René Char mitveranstalteten Ausstellung moderner Plastik und Malerei in der Kapelle des Papstpalastes von Avignon sollte der Regisseur Jean Vilar T. S. Eliots Theaterstück „Mord im Dom“ (Murder in the Cathedral) zur Aufführung bringen. Doch der große Ehrenhof schien dem Regisseur ganz und gar nicht geeignet als Kulisse für das intime Bühnenwerk. Er schlug daher vor, stattdessen Shakespeares „Richard II“ zu zeigen – ein seinerzeit in Frankreich nur selten gespieltes Stück –, verbunden mit „Tobie et Sara“ von Paul Claudel und „La terrasse de midi“, das zweite Werk von Maurice Clavel.

Mit dieser Wahl war nicht nur der Grundstein zum Festival d'Avignon gelegt, sondern auch gleich sein Charakter vorgegeben: Unbekanntes aus dem Weltrepertoire sollte mit zeitgenössischen Arbeiten Seite an Seite stehen. Dieses neu strukturierte Zusammenspiel hergebrachter und neuer Inszenierungen hatte starken Einfluss auf das Theatergeschehen nicht nur in Frankreich, sondern auch über dessen Grenzen hinaus. Künstler und Regisseure fanden ein Publikum, das offenbar bereit war, (fast) jeden experimentellen Weg mitzugehen. Spätere Stars wie Jeanne Moreau und Gérard Philipe traten in Avignon als junge Talente auf. Mit Maurice Béjarts Gastspiel des Ballet du XXe siècle sowie der Voraufführung von Jean-Luc Godards Film „La Chinoise“ öffnete sich das Festival auch anderen Disziplinen – an ganz unterschiedlichen Spielorten.

Straßenkünstler finden immer ihren Platz in Avignon.

Rebensaft für Kenner

Châteauneuf-du-Pape: Jedem Weinkenner zergeht schon der Name auf der Zunge. Die feurigen Tropfen der päpstlichen Lage gedeihen hervorragend auf den Kieselsteinböden der Rhôneebene, die tagsüber die Sonnenglut speichern und sie nachts an die Trauben abgeben. So erhalten diese einen höheren Reifegrad. Bereits zur Zeit der Griechen, die aus der kleinasiatischen Stadt Phokäa in die Region gekommen waren, wurde im Rhônetal Wein angebaut – früher als anderswo in Frankreich. Auf dem ehemaligen Anbaugebiet der Päpste wachsen heute gut ein Dutzend Rebsorten unter dem Signum der Appellation d'origine controlée (A.O.C.). Aber nicht nur Châteauneuf-du-Pape, auch die Gemeinden Rasteau, Gigondas, Sablet, Vacqueyras und Beaumes-de-Venise am Fuße der Dentelles de Montmirail zählen noch zum Anbaugebiet Côtes du Rhône. Südlich von Avignon, vor allem bei Les Baux-de-Provence, keltern engagierte Winzer inzwischen ebenfalls nicht mehr nur Massen-Rosé. Und am Saum des Luberon-Gebirges reifen die exquisiten Tropfen der Côte de Provence. Zu den wichtigsten Rebsorten der Provence zählen neben Cabernet Sauvignon der kräftige Syrah, der intensiv beerige Mourvèdre, die Grenache Noir und Ugni-Blanc. Eher selten angebaut wird die alte Sorte Bourboulenc.

Geheimnisvolle Quelle

Ihr Quellgeheimnis ist noch immer nicht ganz erforscht: Zwar stießen die letzten Roboter in dem feuchten Karstschlund am Ende des „geschlossenen Tals“ (lat. „vallis clausa“) bei etwas mehr als 300 Meter Tiefe endlich auf Sand – doch ist das wirklich schon der Grund der Sorgue, jenes Höhlenflusses, dessen Pegel in dem Felstrichter so drastisch schwankt? So extrem, dass manchmal kaum eine Pfütze zu sehen ist, manchmal aber das Wasser den Gesteinskessel vollständig füllt? Das Fragezeichen bleibt, auch wenn man inzwischen weiß,

So grandiose wie unterschiedliche Bauweisen zeigen sich in der Provence: In Trockenbauweise halten die Bories (rechts) zusammen, ockerfarben sind die Häuser in Roussillon verputzt (ganz rechts), eine als UNESCO-Welterbe geschützte antike Meisterleistung ist der Pont du Gard (unten), mit seinen drei Bogenreihen Teil einer fast 50 km langen Wasserleitung, die einst von den Quellen nahe Ucetia (Uzès) bis zur römischen Stadt Nemausus (Nîmes) führte.

dass die – mal jadegrüne, mal schwärzlich-blaue oder auch schlammbraune – Quelle der einzige Ausfluss eines unterirdischen Labyrinths von mehr als 1000 Quadratkilometer Fläche ist, das die Wasser der Montagne de Vaucluse und des Mont Ventoux aufnimmt. Fast alles, was in den Rissen, Spalten und Rinnen des riesigen Kalksteinplateaus versickert, tritt an der Fontaine de Vaucluse – und dem gleichnamigen Ort – wieder zutage. Zehntausende von Litern stößt die Quelle in der Sekunde aus – und ist damit von der Schüttung her die größte in Europa.

Fast 400 Kilometer Flussläufe beschert die offenbar schon zu Römerzeiten ebenso sagenumwobene wie viel besuchte Fontaine de Vaucluse der

Über Kilometer ziehen sich die canyonartigen Ockergruben zwischen Roussillon, Rustrel und Gignac.

Provence. Und wenn man die aus ihr entspringende Sorgue später in dem heiteren Antiquitäten-Städtchen Isle-sur-la-Sorgue sanft-strudelnd Wasserräder antreiben sieht, mag man kaum glauben, dass die Anfänge dieses Nasses ein dunkles Rätsel bilden. Weder Taucher noch technische Wissenschaftshelfer vermochten es bislang völlig zu lösen.

Ockerfarbener Puder

Zinnoberrot, orangefarben, weißgelb oder fast violett – über Kilometer ziehen sich die canyonartigen Ockergruben zwischen Roussillon, Rustrel und Gignac. Schon die Höhlenmaler hatten sich des edlen Pigments bedient, das eigentlich nichts anderes ist als eine Mischung aus Ton und eisenoxidgefärbtem Sand. In den „Colorados" der Vaucluse ist der Tonanteil in den Sandsteinbrocken gut sechs Mal höher als andernorts. Nach dem Untergang des Römischen Reiches

Von Gold bis Zinnober changieren die Farben in den Ockergruben nahe Roussillon.

Abbau und die durch Wind und Regen bedingte Erosion haben zauberhafte Formen in den Ockerbrüchen bei Rustrel geschaffen.

Schmale, stille Gassen prägen das mittelalterliche Zentrum von Apt.

gerieten die provenzalischen Ockerbrüche in Vergessenheit; erst 1780 besann man sich wieder ihrer Schätze. Von der Französischen Revolution bis zum Aufkommen der synthetischen Farben belieferten die Ocriers der Provence dann die ganze Welt.

Heute werden jährlich gut 2000 Tonnen des begehrten Pulvers produziert. Und es hat sich nur wenig geändert an der komplizierten Gewinnung durch mehrfaches Filtern, Trocknen und Mahlen (ursprünglich geschah dies in Windmühlen, nach Farben getrennt). Der rote Ocker fiel dabei in seinen Farben nicht immer wunschgemäß aus. Man veränderte den gelben Ocker, indem man ihn über dem Holzfeuer bei Temperaturen unterschiedlicher Höhe brannte und so die Färbung kontrollierte.

Ein Kessel Konfitüre

Vom Rhônetal bei Avignon bis an den Saum der Montagne de Luberon erstreckt sich ein wahrer Garten Eden: Pfirsiche, Kirschen, Aprikosen, Erdbeeren, Melonen – alles gedeiht hier in erstklassiger Qualität. Apt gilt als die Hochburg der provenzalischen fruits confits; Madame de Sévigné beschrieb das Städtchen in ihren Briefen einst als „Chaudron à confiture“, als einen Kessel voll Konfitüre. Generationen von Confiseuren haben in Apt die Kunst der fruits confits perfektioniert – geblieben sind von diesen Spezialisten bis heute nur eine Handvoll. Und eine Großfabrik.

„Confire“ bedeutet zunächst nichts anderes als zubereiten. Das vollreife Obst wird blanchiert und im Anschluss in ein Schwefelbad getaucht, damit es nicht zur Gärung kommt. Beim eigentlichen Kandieren wird dann das Wasser der Früchte durch Zucker ersetzt. Damit das Ergebnis nicht zu süß wird und das Fruchtaroma erhalten bleibt, ist großes Feingefühl bei der Herstellung erforderlich. Wochen, ja Monate kann der Austausch in Anspruch nehmen; mindestens sieben Zuckerbäder, so heißt es, seien dazu erforderlich.

EIN ZWEI-STERNE-KOCH IM GESPRÄCH

Feine, kräuterreiche Küche

Edouard Loubet hat in der Provence seine Heimat gefunden. Die Region bietet ihm alles, was er für seine Kochkunst benötigt.

Edouard Loubet, Zwei-Sterne-Koch, ist in Savoyen geboren, doch lange schon ist er im Luberon zu Hause.

Wir treffen uns an einem Nachmittag im Frühsommer in Bonnieux, einem mittelalterlichen Wehrdorf zehn Kilometer südlich von Apt. Es gehört zum Luberon, einem der landschaftlich schönsten Fleckchen der Provence. In der Bastide de Capelongue, einem Luxushotel vor den Toren des Ortes, hat Edouard Loubet seine Wirkungsstätte.

Loubet empfängt uns mit einem entspannten Lachen an der Seite seiner Frau zu einem Aperitif, den wir in der Küche einnehmen. Schon über seiner Moulin de Lourmarin strahlten 1999 zwei der begehrten Himmelskörper des Guide Michelin, seit 2011 leuchteten sie dann auch über der Bastide.

Was oder wer hat Sie an den Herd gebracht?
Ich bin durch meine Familie vorbelastet; schon mein Großvater war Gastronom, und meiner Mutter gehörte das Hotel Fitz Roy in Val-Thorens. In diesem Ort in Savoyen bin ich geboren und dort habe ich meine Kindheit verbracht.

Zunächst sah es doch so aus, als würden Sie im Sport Karriere machen?
Ja, das stimmt. Ich galt als Bergsport-Talent und wurde Mitglied der „Equipe France Espoir“ in der Alpin-Ski-Disziplin. Hinter diesem Namen verbirgt sich eine Art Mannschaft der Hoffnungsträger, eine Vorauswahl für professionelle Wettbewerbe. Doch dann ging ich erst mal für ein Jahr in die Vereinigten Staaten von Amerika und nach Kanada. Als ich zurückkam, war meine Entscheidung gefallen: Ich wollte unbedingt auch in die Gastronomie.

Sie haben bei Ihrer Bewerbung um einen Ausbildungsplatz die Latte gleich ziemlich hoch angelegt.
Ich wollte unbedingt bei den Besten der Branche lernen. Daher habe ich alle zwanzig damaligen Drei-Sterne-Köche angeschrieben. Alain Chapel hat mich genommen.

Ein Jahr bin ich bei ihm in Mionnay geblieben, danach wechselte ich in die Mannschaft von Pierre

Edouard Loubet verwendet in seiner Küche duftende Kräuter und Gewürze aus dem eigenen Garten oder den nahen Bergen. Sie kommen in Gerichten wie der „Barigoule" zum Einsatz oder auch bei den „Rougets de roche" (Rotbarben).

In der Bastide de Capelongue kann man nicht nur in charmant gestalteten Räumen nächtigen und sich mit feinsten Speisen verwöhnen lassen. In Kochkursen lässt sich gleich vor Ort ermitteln, ob der Weg zu den eigenen Sternen noch weit ist.

Orsi bei La mère Brazier in Lyon. Als Nächstes ging ich in derselben Stadt zu Philippe Chavent ins La tour rose und schließlich zu Marc Veyrat nach Annecy. Dort entdeckte ich meine Leidenschaft für wilde Kräuter.

Von den Alpenkräutern zog es Sie letztlich zu den Herbes de Provence?

Das war 1992. Meine Mutter und ich kauften in diesem Jahr eine alte Ölmühle in dem Örtchen Lourmarin im Luberon. Wir renovierten sie und wandelten sie in ein Hotel mit Restaurant um. Außerdem legten wir – mit der Unterstützung meines Großvaters und eines Gärtners – einen fünf Hektar großen Kräuter- und Gewürzgarten an. Der liefert mir bis heute fast alles, was ich als Basis für meine Küche brauche, zudem Früchte, historische Gemüsesorten, Aromapflanzen und vieles mehr.

Wie charakterisieren Sie Ihren Kochstil?

Leicht, aromenstark, ein bisschen verrückt. Aber natürlich stimmig. Statt zu schockieren, möchte ich überzeugen. Es geht mir um eine behutsame Modernisierung der traditionellen provenzalischen Küche. Möglichst kein tierisches Fett, keine Sahne oder Butter.

Das klingt nach einer Mischung aus Jungdynamik und Klassik?

In jedem Gericht strebe ich danach, den jeweils authentischen Geschmack zu finden. Deshalb kaufe ich das Fleisch von benachbarten Bauern und Fisch aus Marseille. Auch viele andere Produkte beziehe ich hauptsächlich aus der Region. Beispielsweise für die „Barigoule", eine sämige Suppe unter anderem aus provenzalischen Artischocken unter der Brotkruste.

Fakten & Informationen

Maisons Eduard Loubet
Der Sternekoch betreibt in der Provence mehrere Häuser:

Bastide de Capelongue / Ferme de Capelongue
insgesamt 31 Zimmer, 2 Restaurants

Le Moulin de Lourmarin
17 Zimmer, 2 Suiten, Restaurant
www.moulindelourmarin.com

Le Galinier de Lourmarin
6 Häuser, 4 davon mit 3 Zimmern, 1 mit 2 Zimmern sowie 1 Loft
www.legalinier.fr

www.capelongue.com

Die Märkte der Region lassen kaum Wünsche offen: Jeder Genießer sieht sich angesichts der Farbenpracht rasch dem schönen Zwang gegenüber, aus der Fülle an Angeboten zu wählen.

CARPENTRAS
AVIGNON
Palais des Papes
CAVAILLON
ARLES
SALON-DE-PROVENCE
AIX-EN-PROVENCE
Pertuis
Apt
Tarascon
Beaucaire
MIRAMAS
St Chamas
Orgon
Sénas
Noves
Châteaurenard
St Rémy-de-Provence
Les Baux-de-Provence
Fontvieille
Maussane-les-Alpilles
Eyguières
Lambesc
Lourmarin
Cadenet
Cucuron
Gordes
Roussillon
Ménerbes
Oppède-le-Vieux
Bonnieux
Fontaine-de-Vaucluse
L'Isle-sur-la-Sorgue
Pernes-les-Fontaines
Sorgues
Villeneuve-lès-Avignon
Remoulins
Chaîne des Alpilles
la Montagnette
Plateau de Vaucluse
Parc Régional
Montagne du Luberon
Chaîne de la Trévaresse
Plaine de la Crau
Etang de Vaccarès
Camargue
Colorado de Rustrel
Gorges de la Nesque
Route de la vie Romaine
La Languedocienne
La Provençale
Autoroute du Soleil
TGV Méditerranée
Maßstab 1:310.000
0
3
6km

Palastarchitektur und uralte Steindörfer

Dramatisch fast wirkt die Papstmetropole, mediterrane Leichtigkeit hingegen verströmt Isle-sur-la-Sorgue mit seinen Kanälen. Die Ockerbrüche bei Roussillon und Rustrel verzaubern durch ihr Farbspiel. Geheimnisvoll gibt sich die Quelle der Fontaine de Vaucluse, malerisch klammern sich alte Steindörfer an die Hänge des Luberon.

1 Avignon

Dominiert von dem festungsartigen Palast der Päpste und umfangen von einer noch fast vollständig erhaltenen mittelalterlichen Mauer, steht Avignon, dessen historisches Zentrum als UNESCO-Welterbe geschützt ist, heute vor allem für internationale Theaterkultur. Im hohen Mittelalter kämpften der französische König, der deutsche Kaiser und die Grafen der Provence um die Stadt am Rhôneufer. Bis heute prägt vor allem das junge Flair die Stadt.

SEHENSWERT/MUSEEN

Der architektonisch verschachtelte **Papstpalast** TOPZIEL ist mit seinen 15 000 m² Nutzfläche das größte gotische Gebäude der Welt. Mehr als 20 Räumlichkeiten sind im Palais des Papes zu besichtigen, darunter die Privatgemächer der Päpste mit den Resten von Fresken und die Grande-Chapelle mit ihren gewaltigen Ausmaßen. Generell aber ist wenig geblieben von der einst prunkvollen Innenausstattung (www.palais-des-papes.com, tgl. 9.00 bis 19.00 Uhr, Sommer länger, Nov.–Feb. kürzer). Direkt neben dem Papstpalast, dessen Ehrenhoffassaden mit einem 3-D-Lichtspektakel illuminiert werden, erhebt sich die **Kathedrale Notre-Dame-des-Doms** (Ursprung im 12. Jh.), letzte Ruhestätte u. a. für die Päpste Benedikt XII. und Johannes XXII. Vom nördlich gelegenen **Rocher des Doms**, einem in eine Gartenanlage gewandelten Kalkfelsen, bietet sich ein schöner Blick auf die Dächerlandschaft der Altstadt und den Torso des **Pont St-Bénézet**. Die zentrale **Place de l'horloge** südöstlich des Papstpalastes säumen Cafés, Rathaus, Uhrturm und Oper. Südlich hat die **Fondation Lambert** mit ihrer Kunstsammlung der Moderne wiedereröffnet (www.collectionlambert.fr). Zum Fluss zu erstreckt sich schließlich das elegante Avignon, östlich der Shoppingmeile Rue de la République gelangt man in die Gassen des alten **Färberviertels**, mit jungen Bars und Kneipen. Der Brückenkopf des Pont St-Bénézet birgt ein kleines **Chansonmuseum** (Öffnungszeiten wie im Papstpalast).

Tipp

Private Kunst

Werke von Degas, Sisley, Picasso und anderen berühmten Künstlern des 18. bis 20. Jh. umfasst die Kollektion von Jean und Paulette Angladon-Dubrujeaud. Das Maler-Paar, Erben des Pariser Modemachers und Sammlers Jacques Doucet, zeigt die Familienschätze in seinem Privathaus in der Altstadt von Avignon.

Musée Angladon, 5, rue Laboureur, www.angladon.com, Mitte März–Nov. Di.–So. 13.00 bis 18.00 Uhr, sonst nur Mi.–So.

Strahlend wie kleine Sonnen leuchten Sonnenblumen wie fruits confits. Der Rocher des Doms erlaubt einen Ausblick auf Avignon.

VERANSTALTUNG

Das **Festival d'Avignon** bietet jährlich im Spätsommer große und neue Theaterkunst (www.festival-avignon.com).

EINKAUFEN

Weinliebhaber finden in der **Bouteillerie du Palais des Papes** (Eingang Rue Pente Rapide) eine stets wechselnde Auswahl der besten Winzer aus dem Anbaugebiet Côtes du Rhône.

UMGEBUNG

Das UNESCO-Welterbe **Pont du Gard** gehört offiziell zum Département Gard (20 km westl.). Das 275 m lange und rund 49 m hohe Aquädukt aus dem 1. Jh. gilt als das besterhaltene aus der Römerzeit. Schon von Weitem zu sehen ist in **Villeneuve-lez-Avignon** am westlichen Rhôneufer der Tour Philippe-le-Bel, der herrliche Ausblicke bietet; auf die Papststadt ermöglicht diese auch die Festung mit der Klosterruine St-André. Die Chartreuse du Val de Benédiction (14. Jh.) am nördl. Ende der Rue de la République ist Frankreichs ältestes Kartäuserkloster (www.villeneuvelesavignon.fr, ab 9.00/9.30, Sa., So. ab 10.00 Uhr) und es birgt inzwischen das Kulturzentrum **Centre National des Ecritures et du Spectacle** (CNES; www.chartreuse.org, tgl. 9.30–18.30, Okt.–März 10.00–17.00 Uhr). Für Weinliebhaber ein Muss ist ein Besuch in **Châteauneuf-du-Pape** (13 km nördl.) mit seinen Weinkellern. Umspannt von Platanenalleen birgt **Carpentras** (22 km nordöstl.), das einst zum Eigentum des Heiligen Stuhls zählte, eine gotische Kathedrale (St-Siffrein) und seit dem 14. Jh. auch eine bemerkenswerte Synagoge. Ebenfalls ein eindrucksvolles jüdisches Gotteshaus steht in der Melonen-Metropole **Cavaillon** (27 km südl.).

INFORMATION
Office de Tourisme d'Avignon,
41, Cours Jean Jaures, 84000 Avignon,
Tel. 04 32 74 32 74, www.ot-avignon.fr

2 Isle-sur-la-Sorgue

Angelegt auf Pfählen in einem Geflecht von Wassergräben, rühmt sich das Sorgue-Städtchen, das „Klein-Venedig der Provence" zu sein. Im Frühjahr blüht ringsum der Mohn.

SEHENSWERT
Es plätschert und sprudelt, wohin man auch blickt. Einige bemooste **Schaufelräder** erinnern an die Zeit, als mehr als 70 Mühlräder von der Sorgue angetrieben wurden und die Textilindustrie an ihren Ufern florierte. Die Altstadt prägt ein Gewirr aus Gassen und Kanälen. Im Zentrum der Bürgerhäuser steht die **Stiftskirche Notre-Dame-des-Anges** mit prachtvollem Barockdekor (Mo.–Fr. 10.00–12.00, 15.00 bis 18.00 Uhr, So. (Messe) 10.30–12.00 Uhr).

Tipp

Filmreife Kulisse

Schauplätze der Filmgeschichte gibt es hier in Hülle und Fülle: Fernandel agierte in den Fünfzigern in Goult; Teile von Marcel Pagnols „Manon des sources" und „Jean de Florette" wurden in Vaugines gedreht. Und die Bilder von den blühenden Lavendelfeldern um Sault ließen die duftende Welt des Grenouille in „Das Parfüm" (Buch: Patrick Süßkind) lebendig werden. Auch die Provence-Romane des Engländers Peter Mayle wurden natürlich vor Ort verfilmt: „Ein gutes Jahr" hatte u. a. Cucuron (Abb.) zum Schauplatz.

Sanfte Farben zaubert die Natur über die Landschaft und die Ockerformationen bei Apt. Nicht weit entfernt liegt Bonnieux.

VERANSTALTUNGEN
Do. und So. findet im Zentrum **Markt** statt. Wie Fischer einst ihre Existenz mit dem Fang von Flusskrebsen bestritten, lässt der **Marché flottant**, der „schwimmende Markt", an jedem 1. August erahnen.

EINKAUFEN
Jedes Wochenende öffnen sieben **„Antiquitätendörfer"** am Stadtrand ihre Tore; an den Trödelmessen zu Ostern und am 15. August kommen weitere 500 Aussteller hinzu.

UMGEBUNG
Im Zentrum von **Fontaine de Vaucluse** widmet sich das Musée-Bibliothèque Pétrarque dem Werk des italienischen Dichters (Rive gauche de la Sorgue, Juni–Sept. tgl. außer Di. 10.00–12.30, 13.30–18.00 Uhr, sonst kürzer). Westlich, abgeschieden in einem engen Tal und umgeben von Lavendelfeldern, strahlt die im 12. Jh. gegründete **Zisterzienserabtei Sénanque** Harmonie aus. Sie ist nach Norden ausgerichtet. Seit einigen Jahren leben wieder Mönche im Kloster, daher können nicht alle Räume besichtigt werden (www.senanque.fr). Um eine Felsnase, die das Coulon-Tal überragt, drängen sich die hellen Steinhäuser von **Gordes** (südl. von Sénanque; www.gordes-village.com). Der ungarische Op-Art-Künstler Victor Vasarely ließ das dominante Renaissanceschloss für sich restaurieren und erweckte damit das fast verlassene Bergdorf zu neuem Leben. Das Schloss beherbergt heute das Lebenswerk des 1988 verstorbenen belgischen Malers Pol Mara (tgl. ab 10.00 Uhr). Das Freilichtmuseum **Village des Bories** (südl., tgl. ab 9.00 Uhr bis Sonnenuntergang) illustriert die Trockensteinbauweise der Region. Auf etwas mühseligere, aber recht imposante Art erklärt diese mörtellose Technik auch der Bories-Lehrpfad von **Goult,** der hinter der Windmühle (Moulin de Jérusalem) im Ort beginnt.

INFORMATION
Office de Tourisme, Place de la liberté,
84800 L'Isle-sur-la-Sorgue,
Tel. 04 90 38 04 78, www.islesurlasorgue.fr

3 Apt

Schon unter Kaiser Hadrian erlebte die Siedlung am Calavon eine Blüte. Legendär ist heute der Samstagsmarkt auf der Place des Martyrs.

SEHENSWERT
In der **Kathedrale St-Anne** (11./12. Jh.) mischen sich romanische und gotische Elemente; die Krypta reicht über zwei Ebenen. Von der mittelalterlichen Stadtmauer ist noch die **Porte de Saignon** erhalten. Mit schönen Portalen geschmückte **Bürgerhäuser** (16.–18. Jh.) zeugen vom einstigen Wohlstand des heute rund 10 000 Einwohner zählenden Städtchens.

MUSEEN
Das **Musée de l'aventure industrielle** widmet sich der Geschichte und dem Herstellungsprozess der „fruits confits" sowie der Ockergewinnung (Place du Postel, Mo.–Sa. 10.00–12.00, 14.00–17.30/18.30 Uhr, Okt.–Mai Di.–Sa.; 22. Dez. bis Ende Jan. geschl.). In der ehemaligen Ockerfabrik Mathieu ist das **Conservatoire des ocres et pigments appliqués** untergebracht (1,5 km von Roussillon, Route d'Apt, www.okhra.com; mit Führungen).

UMGEBUNG
Eines der ältesten Weinschlösser der Region ist das **Château de Mille** an der Route de Bonnieux aus dem 13. Jh. (2 km westl.; www.chateau-de-mille.com). „Rotes Delphi" nannte der Regisseur Jean Vilar das auf einer Bergkuppe thronende Dorf **Roussillon**, an dessen Rand einer der berühmtesten Ockerbrüche liegt (11 km nordöstl.). Auf speziell angelegten Pfaden ist hier die Farbvielfalt der Ockerfelsen zu bestaunen. Überwältigend ist der Blick vom Castrum – einer Felsterrasse – auf die Ockerschlucht Feental (Val des Fées). Etwa 10 km nordöstlich von Apt steigt man bei **Rustrel** ein

in den **Colorado de Provence** TOPZIEL. Markierte Wege erschließen das lang gestreckte Ockergrubengebirge. Zum einzigen noch betriebenen Ockerbruch der Region gehören die **Minen von Bruoux** bei Gargas (Route de Croagne, www.minesdebruoux.fr, tgl. 10.00–17.00/18.00, Juli/Aug. bis 19.00 Uhr).

INFORMATION
Office de Tourisme Apt et du Pays d'Apt, 20, Avenue Philippe de Girard, 84400 Apt, Tel. 04 90 74 03 18, www.luberon-apt.fr

4 Luberon

Bergwiesen und Weinschlösser, Zedernwälder und Bergdörfer – so präsentiert sich der Luberon. Geprägt von der gleichnamigen ca. 60 km langen Kette von Kalksteinfelsen auf der Nordseite des Durancetals, mit dem Mourre Nègre als höchstem Gipfel (1125 m), ist das Gebiet als Naturpark unter Schutz gestellt.

SEHENSWERT/MUSEUM
In dem lang gestreckten Festungsdorf **Ménerbes** spielten sich während der Religionskriege blutige Kämpfe ab; später kaufte sich Pablo Picasso hier ebenso ein wie der britische Autor Peter Mayle. Eine schmale Gasse führt zum Aussichtspunkt an der Kirche (14. Jh.). Wie Ménerbes schon von Weitem zu sehen sind das Ruinendorf **Oppède-le-Vieux** (westl.) und **Lacoste** (östl.) mit seiner markanten Schlossruine. Ursprünglich war das herrschaftliche Gemäuer im Besitz des umstrittenen Schriftstellers Marquis de Sade (geb. 1740). Inzwischen hat der Modemacher Pierre Cardin es zur Kulisse für zeitgenössische Skulpturenkunst und ein Sommerfestival gemacht (www.festivalde lacoste.com). Gegenüber von Lacoste liegt, ebenfalls auf einem Hügel, **Bonnieux** mit engen, steilen Gassen. Stundenlang kann man in Frankreichs größtem **Zedernwald** (6 km südl. von Bonnieux) spazieren oder biken. Hält man sich talwärts in Richtung Apt, gelangt man zum römischen **Pont Julien.** Die fast 50 m lange, dreibögige Brücke stammt aus dem 2. Jh. v. Chr. Nach Süden zu schlängelt sich ein Sträßchen hinab in die Ebene von **Lourmarin.** Umgeben von Mandelhainen und Reben wirkt das von seinem Renaissance-Schloss (www.chateau-de-lourmarin.com, tgl. ab 10.00/10.30 Uhr) dominierte Dorf mediterran. Die ehemalige **Zisterzienserabtei Silvacane** (ab 12. Jh.; 40 km südl.) trägt auch Elemente der Gotik (www.abbaye-silvacane.com, ab 10.00 Uhr, außer im Sommer Mo. geschl.).

EINKAUFEN
An der kleinen Place d'horloge in Ménerbes ist die **Maison de la truffe et du vin du Luberon** untergebracht, mit Weinen der Region.

INFORMATION
Office de Tourisme intercommunal du Canton de Bonnieux, 7, Place Carnot, 84480 Bonnieux, Tel. 04 90 75 91 90, www.tourisme-en-luberon.com

Genießen Erleben Erfahren

DuMont Aktiv

Im Zeichen des Ockers

Durch einige der schönsten Landschaften des Regionalparks Luberon und zu eindrucksvollen Dörfern mit Ockerabbau führt diese gut beschilderte Radroute rund um Apt. Knapp 200 m Höhenunterschied sind auf der 51 km langen Strecke zu bewältigen.

Vor dem Tourismusbüro von Apt stehen die beiden ersten Hinweisschilder; wir entscheiden uns für Grün, die Westroute, und schwingen uns in den Sattel. Gemächlich rollt es die ersten 2 km, doch dann steigt das Sträßchen schon nach Gargas an. Das Zentrum der verstreuten 3000-Seelen-Gemeinde liegt auf 280 m Höhe, umgeben von den Bergkuppen Colline de Perréal, du Fort und de la Gardette. Letztere zählt, wie unser nächstes Etappenziel Roussillon, zu den zehn Stätten mit Ockervorkommen im Luberon.

9 km haben wir bis Roussillon durch die Felder bei Les Lombards zu treten. Pause also und Besichtigung der Ockerbrüche. Bis Saint-Saturnin-lès-Apt steigt die Strecke nach unserer Rast sacht, aber stetig; eng schlängelt sie sich an den Ausläufern der Monts de Vaucluse entlang. Nach Villars rollen wir zu Tal. Umgeben von Weinstöcken, thront der Dorfkern auf einer kleinen Erhebung. Nach gut 7 km ostwärts nähern wir uns dem Höhepunkt der Tour: Rustrel. Der Boulevard du Colorado bringt uns zu einem Parkplatz, wo wir die Räder anschließen. Ein Stündchen spazieren wir, hinein in den atemberaubenden Colorado de Provence, eine lang gestrecke Ockerbruchlandschaft. Die D22 bringt uns schließlich über Les Jean-Jean rasch zurück nach Apt.

Weitere Informationen

Zwei Routen sind ausgeschildert (Grün u. Ocker). Radverleih u. a. über http://leluberonavelo.com (203 rue Oscar Roulet, 84440 Robion, Tel. 04 90 76 48 05) oder www.luberon-biking.fr (90 Chemin du stade, 84740 Velleron, Tel. 04 90 901 462). Per Kalesche: www.provence hipposervices.com, 28 €/Pers., 2 Std.

Die Tour durch den Luberon folgt weitestgehend schmalen Straßen, auf denen sich eigene Fahrradwege erübrigen. Die Alleen öffnen sich für tolle Blicke in die Landschaft.

Landschaft im Künstlerblick

Mit Teichen und Sümpfen erstreckt sich der Landstrich zu Füßen des antiken Arles, jener Stadt, in der van Goghs Sinnsuche mit furiosem künstlerischem Schaffen verschmolz. Windmühlenflügel, Reisfelder und prächtige Folklore liefern bis heute dem Auge wunderbare Motive. An den Flanken des kalksteinhellen Alpilles-Massivs erstaunen uralte Dörfer, umgeben von Rebgärten und Olivenhainen; in Städtchen wie St-Rémy und Salon-de-Provence herrscht typisch südfranzösische Alltagsatmosphäre.

Die Brücke von Arles – Vincent van Gogh hat das Motiv in Variationen gemalt. Dies sind nicht die einzigen Künstlerspuren, auf die man beim Besuch des Landstrichs um Arles trifft.

Bei der Fête des Gardians kommen Jung und Alt zusammen, um traditionell zu feiern.

Zu römischer Zeit ließen sich im zweigeschossigen Amphitheater von Arles
Zehntausende von Menschen begeistern.

Relikte der Antike belegen die frühe Bedeutung des einstigen „Arelate“ (keltisch: Sumpfort)

Stierkampf

Special

Kräftemessen mit dem Stier

Zu Anfang des 15. Jahrhunderts berichteten provenzalische Chroniken erstmals von einem „Stierspiel“ – einem Kampf zwischen Stier und Löwe.

Ende des 17. Jahrhunderts dann wurden den Stieren kleine Kokarden an die Hörner gebunden. Die „Course Camarguaise“ ist bis heute ein Festtag. Frühmorgens fangen die Stiertreiber die halbwild lebenden Tiere in den Ebenen ein und treiben sie zur Arena. Der traditionelle Umzug in historischen Gewändern hoch zu Pferd oder in alten Kutschen bildet den Auftakt. Bald ist die Arena bis auf den letzten Platz besetzt. Wenn die weiß gekleideten Kämpfer auf der Flucht vor den Stieren mit mutigen Sprüngen hinter der hölzernen Absperrung Zuflucht suchen, tobt das Publikum. Gelingt es nicht, innerhalb von rund 15 Minuten die Kokarde zu ergattern, verlässt das Tier als Sieger die Arena.

Chef im Ring ist hier der Stier

Offen und ruhig, vom Mistral klargefegt und erfüllt von vornehmer Festlichkeit, birgt Arles nicht nur architektonisch viele verschiedene Facetten. Das antike und romanische Erbe ist allgegenwärtig. Es lebt, inzwischen zum UNESCO-Welterbe erklärt, Seite an Seite mit den Zeugnissen bürgerlicher Renaissance, die oft Hülle sind für exquisite Herbergen und exzellente Stätten des Genusses. Aber nicht nur der Sinn für feines Design und feine Speisen zeichnet die Arlesianer aus. Dichter und Maler besingen von alters her vor allem die Damen der Stadt, jene mit stolz erhobenem Haupt wandelnden „Arlésiennes“, deren reizvolle, aber kompliziert zu arrangierende Tracht oft mit der Raffinesse japanischer Tradition verglichen wird.

Der merkwürdige Sonnenblumenmaler

Auch van Gogh liebte Arles und die japanische Kunst. Aber die Arleser Bourgeoisie war nicht besonders angetan von dem sonderbaren Niederländer, der eine Künstlerkommune in ihrer Stadt gründen wollte und im Café de la Nuit reichlich dem Absinth zusprach. Im Februar 1888 war Vincent van Gogh in der Römerstadt angekommen, und bis zur Abreise im Mai 1889 schuf er hier mehr als 300 Zeichnungen und Gemälde, darunter „Terrasse des Cafés am Abend“, „L 'Arlésienne: Madame Ginoux“ sowie die legendäre Serie der „Sonnenblumen“ (in der Vase). Aber kein einziges seiner Werke verblieb in der Stadt.

Die 15 Arleser Monate gelten als die produktivste Schaffensphase des Künstlers; das Licht der Provence begeisterte ihn ungemein. Er machte mit seinem Skizzenblock Ausflüge in die Umgebung, so in den Wallfahrtsort Stes-Maries-de-la-Mer, von St-Rémy aus auch in die bizarre Felslandschaft der Alpilles. Ein abgeschnittenes Ohr und weitere „nicht näher definierte Anfälle“ aber bewirkten Einweisungen ins Ancien Hôpital Dieu. Schließlich reichten die Arleser im Rathaus schriftlich die Bitte ein, den

Wind und Wasser haben ihre Spuren tief in die Felsen bei Les Baux-de-Provence gegraben.

Literarisch besetzt: die Mühle von Daudet bei dem Alpilles-Städtchen Fontvieille

Die Felsenfestung Les Baux-de-Provence liegt spektakulär hoch oben auf dem Felsplateau.

Künstler aufgrund vergangener Ereignisse sowie seines „unheimlichen" Verhaltens im Krankenhaus zu internieren. „Locco" (Verrückter) riefen ihm die Kinder auf der Straße nach.

Tief gekränkt verließ van Gogh daraufhin Arles und begab sich ins Kloster St-Paul-de-Mausole in St-Rémy. Die dort untergebrachte Nervenheilanstalt behandelte Patienten, die nach dem damaligen Wissensstand als geisteskrank galten. Bis Mai 1890 blieb er – abwechselnd von Krisen heimgesucht und von Schaffensdrang beseelt – in St-Rémy. Danach begab er sich in die Obhut des Kunstsammlers und Arztes Dr. Paul Gachet in Auvers-sur-Oise – wo er am 29. Juli des gleichen Jahres an einer wohl von eigener Hand abgefeuerten Pistolenkugel in der Brust starb.

Briefe aus der Mühle

Er hat niemals in ihr gewohnt (sondern meist im Château de Montauban), doch Alphonse Daudets „Lettres de mon moulin" haben der Moulin Ribet schon früh zu Ruhm verholfen. Seitdem der in Nîmes geborene Autor in seinen Briefgeschichten über die Weizenmühle von Fontvieille berichtete, strömen jährlich Tausende auf den Hügel vor dem Städtchen. Der Autor selbst hielt Fontvieille und der Provence fast 30 Jahre die Treue; er fand hier viele Motive, nicht nur für die „Briefe aus meiner Mühle", sondern auch für andere Erzählungen. Das erste Mal kam der junge Journalist und Autor bereits um 1860 in die Region – und machte zunächst in Maillane Station bei dem großen provenzalischen Dichter und späteren Literaturnobelpreisträger Frédéric Mistral. Sie hatten sich in Paris kennengelernt. Mistral stand damals an der Spitze der Félibrige-Bewegung, die sich für die Wiederbelebung und den Erhalt der okzitanischen (provenzalischen) Sprache in der Literatur einsetzte.

Auch eine besondere „Medizin" fand der junge Autor in der Region. Und so liest man in den „Lettres de mon moulin" vom Pfarrer von Graveson, der

Vis-à-vis mit den weißen, wilden Pferden – nicht nur für Pferdenarren ein absolutes Highlight.

Das verdunstende Meerwasser hinterlässt riesige Salzhalden in der Camargue.

Unbeeindruckt von begeisterten Beobachtern staksen die Flamingos durch die Lagune der Camargue.

sich „zwei Fingerbreit eines grünen, goldenen, schillernden, exquisiten Likörs" einschenkt, welcher ihm einen „sonnendurchfluteten Magen" beschert. Heute ist das Elixier des Père bekannt als Likör von Frigolet – nach der Abtei St-Michel-de-Frigolet an der Südflanke der Montagnette. 30 Pflanzen bilden die Basis für das geheim gehaltene Rezept – die meisten davon wachsen in der Umgebung. Natürlich auch der Thymian (provenzal.: „ferigoulo"), dem die Abtei ihren Namen verdankt.

Reis und Salz

Für Robert Bon ist Reis mehr als ein Nahrungsmittel. Ausführlich hat sich der aus einer Reisbauernfamilie stammende Provenzale mit dem asiatischen Getreide beschäftigt. Bereits im 16. Jahrhundert gab es die ersten Reispflanzen in der Camargue. Doch bald gab man die Kultivierungsversuche wieder auf. Nach dem Bau des Rhônestaudamms 1830 setzte man Reispflanzen zur Entsalzung des Bodens ein. Sobald dieses Ziel verwirklicht war, wurden die Anbauflächen beträchtlich verringert und u. a. durch Rebstöcke ersetzt.

Parallel dazu begann die Blütezeit der Salinen – vor allem um den Etang (Salin) de Giraud. Für den Transport des Camargue-Salzes wurden Ende des 19. Jahrhunderts sogar eigens zwei Eisenbahnlinien ins Rhônedelta gelegt. Im Zweiten Weltkrieg besann man sich dort auch wieder des Reisanbaus: „Die Meeresschifffahrt war ja unterbrochen und es herrschte allgemeiner Nahrungsmittelmangel", weiß Monsieur Bon, der in der ehemaligen Reisfabrik seiner Eltern das Musée du Riz de la Camargue eingerichtet hat.

Von 250 Hektar wuchs die Anbaufläche für Camargue-Reis rasch auf 13 000 Hektar (1945). Frankreich nutzte das Fachwissen aus seiner Kolonie Indochina für effizientere Reisanbaumethoden im Rhônedelta; die Finanzspritzen des Marshallplanes taten ein Übriges. Kurz bevor in den 1960er-Jahren dann die sogenannte Reiskrise ausbrach – bedingt unter anderem durch die Konkurrenz aus Norditalien und die Festlegung eines europäischen Reispreises –, bedeckten die Reisfelder der Camargue mehr als 32 000 Hektar – heute sind es immerhin wieder gut 20 000, auf denen der Reis insgesamt fünf Monate Zeit zum Reifen hat.

Bereits im 16. Jahrhundert gab es die ersten Reispflanzen.

Wissen berühmter Männer

Zwei Männer und ein Brunnen prägen – neben der Seife – den Ruf von Salon-de-Provence. Die beiden Wissenschaftler wie die Fontäne sind bereits im 16. Jahrhundert verbrieft. Der Moosbrunnen steht fast genau auf halber Strecke zwischen den Denkmälern der Denker Michel de Notredame (Nostradamus) und Adam de Craponne.

Der kühne Ingenieur Craponne (1526 bis 1576) bewahrte die Provence vor einer Dürrekatastrophe, indem er das Wasser der Durance durch Kanäle leiten ließ. Nostradamus, im nahen St-Rémy geboren, machte als Arzt und Astrologe von sich reden, war aber auch als Dichter bekannt und veröffentlichte eine Abhandlung für die Konservierung von Konfitüren! Während der Pestepidemie 1525 gelang es ihm, mithilfe eines desinfizierenden Puders und ungewohnter Hygienevorschriften eine große Anzahl von Menschen vor dem Tod zu bewahren – wiewohl er noch nichts von dem Pestbakterium wusste.

Die schönsten Unterkünfte

Vom Barock zu Le Corbusier

Übernachten in einem Schloss, in einer Architektur-Ikone, auf einem Weingut, mit moderner Kunst oder eigenem Golfplatz, im Ambiente eines Modeschöpfers oder auch bei einem Sternekoch – für jeden Anspruch und jedes Budget bietet die Provence Domizile auf Zeit! Zehn ganz unterschiedliche, charmante Unterkünfte stellen wir Ihnen hier genauer vor.

1 Le Pré du Moulin

Moderne Eleganz in Schwarz-Weiß: Eine ehemalige Dorfmühle aus dem 17. Jahrhundert birgt elf Gästezimmer und ein Restaurant. Das durch Hecken gegliederte Außengelände des Boutiquehotels umfasst Terrasse und Pool.

Cours Joël Estève/Route de Sainte-Cécile-les-Vignes, 84830 Serignan-du-Comtat, Tel. 04 90 70 14 55, http://predumoulin.com

2 La Maison d'Artishow

Cézanne, Mondrian und Vasarély, aber auch zeitgenössischen Künstlern ist je ein Zimmer des Bed & Breakfast in einem historischen Stadtpalais gewidmet. Natur statt Design bietet die Dachterrasse.

9, Rue Denfert Rochereau, 84800 L'Isle-sur-la-Sorgue, Tel. 04 32 61 07 95, www.maisonartishow.com

3 Château Gigognan

Üppige Tapetenmuster, Blütenvorhänge und helles Mobiliar im Stil des 18. Jh. konkurrieren mit dem Blick auf Rebstöcke bzw. den Pool. Die Erträge von Châteauneuf-du-Pape und Côtes du Rhône können von den Gästen der fünf Zimmer verkostet werden.

Chemin du Castillon, 84700 Sorgues, Tel. 04 90 39 57 46, www.gigognan.fr

4 Jules César

Schon Picasso und Hemingway logierten in dem in den 1920er-Jahren zum Hotel umgebauten einstigen Karmeliterkloster. Dank Christian Lacroix prägen nun leuchtende Farben das Ensemble. Das Facelifting durch den Modeschöpfer umfasst die 52 Zimmer und Suiten, Spa und Restaurant.

9, Boulevard des Lices, 13200 Arles, Tel. 04 90 52 52 52, www.hotel-julescesar.fr

5 Les apartés

Beim Sternekoch schlemmen und im Nachbarhaus schlummern: idealer geht es wohl kaum. Jean-Luc Rabanel hat neben seinem „L'Atelier" auf 200 Quadratmetern eine außergewöhnliche Wohnmöglichkeit in seinem zeitgenössisch-reduzierten Stil einrichten lassen – mit vier Zimmern, Salon und selbstverständlich einer großen Küche.

7, Rue des Carmes, 13200 Arles, Tel. 04 90 91 07 69, http://rabanel.com

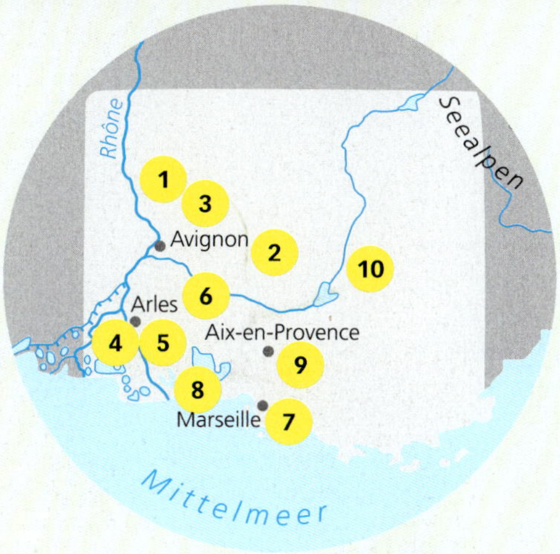

6 Domaine de Manville

Schafzucht und Landwirtschaft – das war einmal. Inzwischen birgt das einstige Gut ein Luxushotel mit 30 edelst ausgestatteten Zimmern, großzügigem Wellnessbereich und hauseigenem 18-Loch-Golf-Platz, dessen Gestaltung weitgehend den natürlichen Gegebenheiten des 100 Hektar großen Terrains folgte.

13520 Les Baux-de-Provence, Tel. 04 90 54 40 20, www.domainedemanville.fr

7 Hotel Corbusier

Zugegeben: die Zimmer sind schlicht. Aber das entspricht der Philosophie des Erbauers der Cité Radieuse, in der neben Privatwohnungen inzwischen auch 21 Hotelzimmer und Suiten unterschiedlicher Größe eingerichtet wurden – teils mit Originalelementen und Meerblick. Auch zum Dachpool haben die Gäste Zutritt. Im Restaurant „Le Ventre de l'architecte" gibt es ebenfalls vieles aus der Ursprungszeit des schiffsförmigen, 1947 bis 1951 erbauten Cité-Komplexes zu entdecken.

280 Boulevard Michelet, 13008 Marseille, Tel. 04 91 16 78 00, www.hotellecorbusier.com

8 Camping Le Mas

Auf einem 5 Hektar großen, küstennahen Piniengelände stehen rund 200 moderne Chalets und holzverkleidete Wohnwagen, teils mit eigener Terrasse und Meerblick. Strand und Hafen (mit Restaurants und Geschäften) sind zu Fuß erreichbar; auf dem Campingterrain selbst gibt es einen Pool, zwei Bistros und einen Minimarkt.

Plage de Sainte-Croix, La Couronne, 13500 Martigues, Tel. 04 42 80 70 34, www.camping-le-mas.com

9 Pavillon de Beauregard

Frei stehende Badewanne? Moderne Kunst an den Wänden? Panoramablick? Das alles gibt es auf diesem Familienanwesen der sechsten Generation, das nun eine Suite (im Turm) und zwei Gästezimmer unterschiedlichen Stils umfasst. Auch ein kleiner Pool ist vorhanden. Nur Tiere haben keinen Zutritt zu diesem kleinen Idyll vor den Toren der Stadt.

1541, Chemin de Beauregard, 13100 Aix-en-Provence, Tel. 04 42 96 54 81, www.pavillon-de-beauregard.com/contacts

10 Le Château du Grand Jardin

Ein Landhaus des 17. Jahrhunderts putzt sich zum Schlösschen heraus und nun steht der luxuriös-romantische Bau zahlenden Gästen offen. Sie können zwischen 2 Suiten und 3 großzügigen Zimmern wählen. Uralte Kastanien spenden im Sommer Schatten. Candlelightdinner auf Wunsch wie auch Ausflüge z. B. zu Trüffelzüchtern.

1, Chemin de l'Amiral de Villeneuve, 04210 Valensole, Tel. 04 92 74 96 40, www.lechateau-valensole.com

Maßstab 1:310.000
0 3 6km
NIMES
AVIGNON
ARLES
Beaucaire
Tarascon
Uzès
Remoulins
Pont du Gard
Villeneuve-lès-Avignon
Roquemaure
Sorgues
Bédarrides
Monteux
Palais des Papes
Châteaurenard
Noves
Cavaillon
St Rémy-de-Provence
Les Baux-de-Provence
Chaîne des Alpilles
la Montagnette
Fontvieille
Maussane-les-Alpilles
Mouriès
Eyguières
Salon-de-Provence
Miramas
Istres
St Mitre-les-Remparts
Martigues
Fos-sur-Mer
Port-de-Bouc
Port-St Louis-du-Rhône
Salin-de-Giraud
Saintes-Maries-de-la-Mer
St Gilles
Bellegarde
Marguerittes
Gorges du Gardon
Camp des Garrigues
Parc Naturel Régional de Camargue
Etang de Vaccarès
Plaine de la Camargue
Plaine de la Crau
Zone Industrielle
Golfe de Beauduc
Golfe de Fos
Phare de Beauduc
Phare de Faraman
Phare de la Gacholle
Phare de St Louis
Plage de Piemancon
Grand Rhône
Petit Rhône
Rhône
Durance
TGV Méditerranée
La Languedocienne
Chemin de St-Jacques
Tour du Cardinal
Abbaye de St Michel-de Frigolet
Anc. Abbaye de Montmajour (rom.)
Arènes
Les Alyscamps
St-Paul-de-Mausole
Ruines de Glanum
Cap Couronne
1
2
3
4

Im stillen Zauber des Schwemmlandes

Fruchtbar ist das Land zwischen Rhône und Durance. Bauten des Mittelalters charakterisieren Kleinstädte wie Tarascon; Arles ist vom römischen Erbe geprägt. Stes-Maries-de-la-Mer ist der legendäre Wallfahrtsort der Camargue. Kalksteinhell ist das Alpilles-Massiv, an dessen Saum sich Olivenhaine und Weinfelder erstrecken.

1 Tarascon

Die auf einer Felsinsel erbaute mittelalterliche Königsstadt beeindruckt durch ihr Schloss.

SEHENSWERT
Trotz seines Verteidigungscharakters wirkt das **Schloss** des guten Königs René („le bon Roi"), des letzten Anjou-Fürsten, recht elegant. 1449 vollendet, gilt es als eines der schönsten mittelalterlichen Schlösser Frankreichs (http://chateau.tarascon.fr, tgl. ab 9.30 Uhr). An der Place de la Concorde erhebt sich die **Stiftskirche Ste-Marthe** mit den 1187 dort entdeckten Reliquien der heiligen Martha. Die Frau, so die Legende, sei mit den „Saintes Maries de la Mer", den beiden heiligen Marien, in der Camargue an Land gegangen. Um das Jahr 48 rettete sie den Ort vor der Tarasque, einem Ungeheuer, „halb Drache, halb Fisch".

VERANSTALTUNG
König René führte zu Ehren der hl. Martha die Spiele der Tarasque ein. Bis heute wird die **Fête de la Tarasque** Ende Juni zelebriert.

UMGEBUNG
Nordwestlich (2 km) befindet sich die **Abtei St-Michel-de-Frigolet.**

Tipp

Délicat!

Wer Süßes liebt, kommt an zwei Adressen in St-Rémy nicht vorbei: Joël Durand kreiert hier außergewöhnliche Pralinen – z.B. mit Provencemandeln, Salzbutter und frischem Eisenkraut (3, Blvd. Victor-Hugo). Und Pierre Lilamand setzt die Tradition des 1866 von seinem Urgroßvater gegründeten Familienbetriebs mit exquisiten kandierten Früchten fort (5, Avenue Albert Schweitzer).

www.joeldurand-chocolatier.fr
www.confiserie-lilamand.com

Trutzig das Schloss von Tarascon, ruhig ist es im Kreuzgang von St-Paul-de-M. in St-Rémy und auf der Kirche in Stes-Maries de la Mer.

INFORMATION
Office de Tourisme Le Panoramique, Avenue de la République, 13150 Tarascon, Tel. 04 90 91 03 52, www.tarascon.org

2 St-Rémy-de-Provence

Schöne Bürgerhäuser aus dem 16. und 17. Jh. prägen den Kern von St-Rémy. Stilvoll und unaufdringlich verkörpert das reichlich Galerien zählende Städtchen perfekt den Charakter der inneren Provence. In einer Klinik am Rande der eleganten Kleinstadt malte van Gogh einige seiner Meisterwerke.

SEHENSWERT
Im Ortskern steht das **Geburtshaus** des berühmten Arztes und Sehers **Nostradamus** (Rue Hoche, keine Besichtigung). Die Reste der römischen Siedlung **Glanum** finden sich südlich des Stadtzentrums (glanum.monuments-nationaux.fr, Mai–Aug. tgl. 9.00–19.00, sonst 9.00/10.00–17.00/18.00 Uhr, Mo. geschl.). In der Nachbarschaft steht das romanische **Kloster St-Paul-de-Mausole**, bis heute eine Therapieeinrichtung. In einem Flügel wurde ein Museum über van Goghs Zeit in St Rémy und die Psychiatrie-Geschichte des 19. Jh. eingerichtet (Chemin Saint-Paul, www.saintpauldemausole.fr, tgl. 9.30–18.45 Uhr, im Winter kürzer, Jan./Feb. geschl.). Von den mehr als 150 Werken van Goghs, die in St-Rémy entstanden (z. B. „Les iris"), finden sich 21 Reproduktionen auf einem 1,5 km langen **Künstler-Parcours**, der von der Glanum-Stätte in die Altstadt führt.

MUSEUM
Eines der Privatpalais aus der Renaissance, das einstige l'Hôtel Mistral de Montdragon, birgt das **Musée des Alpilles**, eine der schönsten provenzalischen Sammlungsstätten zur Volkskunst und zum ländlichen wie industriellen Erbe der Region (1, Pl. Favier, Di.–So. 10.00–18.00 Uhr, Okt.–April Di.–Sa., kürzer).

HOTEL
Im 14-Zimmer-B&B € € / € € € **Sous les Figuiers** werden Kunstkurse angeboten (3, Ave. Taillandier, www.hotelsouslesfiguiers.com).

RESTAURANT
€ € **La Table de Valentin** serviert erlesene, regionale Gerichte zu Bistro-Preisen (44, Route de Noves, www.mas-valentine.com).

UMGEBUNG
Etwa 6 km nordwestlich empfängt **Maillane** den Reisenden mit schönen alten Cafés und dem Museon Mistral im original erhaltenen Wohnhaus des provenzalischen Dichters. Die außergewöhnliche Felsenfestung **Les Baux-de-Provence** (12 km südlich) in den Alpilles ist einer der meistbesuchten Orte der Provence. Er teilt sich in Unter- und Oberstadt. Am östlichen Ortsausgang liegt der **Mas des Oliviers** des Ehepaares Hugues, wo täglich hochwertigstes Olivenöl probiert werden kann (www.castelas.com). Zu Füßen von Les Baux ziehen sich uralte Olivenhaine. Auf dem Weg nach Arles ist in **Fontvieille** die **Mühle von Daudet** ausgeschildert, die den Dichter inspirierte.

INFORMATION
Office du Tourisme de St-Rémy-de-Provence, Place Jean Jaurès, 13210 St-Rémy-de-Provence, Tel. 04 90 92 05 22, www.saintremy-de-provence.com

Tipp

Edle Seifen

Ursprünglich siedete man die grünen und weißen Barren hauptsächlich in Marseille, daher ihr Name: Savon de

Marseille. Aber im späten 19. Jh. versuchte sich auch Salon-de-Provence in der Seifenherstellung. Das Basisprodukt Olivenöl war reichlich vorhanden, hinzu kamen die zunehmende Mechanisierung der Produktion und der Anschluss von Salon ans Eisenbahnnetz. Zwei der Savonnerien sind zu besichtigen: Marius Fabre und Rampal-Patou (günstiger Direktverkauf inklusive).
Savonnerie Marius Fabre, 148, Av. Paul Bourret, www.marius-fabre.fr
Savonnerie Rampal, 71, Rue Félix Pyat, www.rampalpatou.com

Das Portal von St-Trophime in Arles tägt einen reichen Dekor, während die Abtei von Montmajour klare romanische Formen besitzt.

3 Arles

Galliens „kleines Rom" punktet bis heute durch das größte erhaltene Amphitheater der Region und den Aufenthalt des Maler-Genies Vincent van Gogh. Im 6. Jh. v. Chr. gegründet, zählt Arles zu den ältesten Städten Frankreichs. Römisches und romanisches Erbe wurde von der UNESCO geadelt. Arles wirkt vornehm, geschäftstüchtig, aber auch etwas verschlafen.

SEHENSWERT
Das **Amphitheater** TOPZIEL bot mehr als 20 000 Zuschauern Platz. Bis heute finden in der ca. 140 x 103 m messenden Arena Stierkämpfe statt. Ebenfalls noch genutzt wird das auf einem Hügel erbaute **Antike Theater**; von der Bühnenmauer sind nur einige Säulen erhalten. Durch das **Augustustor** (am Ostrand der Altstadt) und auf der Via Aurelia gelangte man einst ins Stadtgebiet. Weitere Zeugen der Antike sind hier u. a. die Relikte des alten Forums (Kryptoportikus, westlich der Place de la République) sowie der **Granit-Obelisk**, der das römische Stadion schmückte. Die türkische Stele steht seit dem 19. Jh. auf der Place de la République, dem Platz vor dem Rathaus. An seiner Ostflanke beeindruckt eine der schönsten romanischen Kirchen der Provence, die Benediktinerkirche **St-Trophime** – vor allem wegen ihres verzierten Portals und ihres halb gotischen, halb romanischen Kreuzgangs. An der Fußgängerzone Rue de la République reihen sich (ebenso wie an der Rue des Arènes) prächtige **Stadthäuser** aus dem 16. bis 18. Jh. Um an Vincent van Gogh zu erinnern, hat Arles einen kleinen **Parcours** zu noch vorhandenen Motiven seiner Bilder angelegt. Am stärksten frequentiert sind die Stationen „Nachtcafé" am Forumsplatz (heute Café van Gogh) und Hospital (heute Kulturzentrum Espace van Gogh). Am südlichen Rhôneufer liegen die **Konstantinthermen** (tgl. 9.00–17.00/18.00/19.00 Uhr) und südlich des Zentrums lag außerhalb der Mauern eine der Nekropolen (Alyscamps; ab 9.00/10.00–17.00/18.00 Uhr).

MUSEEN
Die 2014 eröffnete **Fondation Vincent van Gogh Arles** setzt die Werke des holländischen Künstlers in Bezug zu jenen seiner heutigen Kollegen (5, rue du Dr Fanton, www.fondation-vincentvangogh-arles.org, tgl. 11.00–19.00 Uhr). Das **Musée départemental Arles antique** ist am Rhôneufer im Westen der Stadt untergebracht. Es vereint die archäologischen Sammlungen der Stadt und ihrer Umgebung (Avenue 1ere division France libre, www.arles-antique.cg13.fr, tgl. außer Di. 10.00–18.00 Uhr). Pablo Picasso vermachte dem **Musée Réattu** 57 seiner Zeichnungen; sie ergänzen die Gemäldesammlung (18.–20. Jh.) und Fotografien u. a. von Henri-Cartier Bresson (Rue du Grand Prieuré, www.museereattu.arles.fr).

VERANSTALTUNGEN
Arles' **Samstagsmarkt** gilt als einer der schönsten Märkte der Provence. Berühmt sind die **Stierkämpfe**, z. B. jene der **Féria de Pâques** (Ostern) oder der **Féria de riz** (Reisfest; Sept.; Info: Arènes d'Arles, www.arenes-arles.com). Im Sommer markieren die **Fêtes des gardians** (1. Mai) und die **Fêtes d'Arles** (Juni/Juli) mit dem Pégulado-Umzug (Umzug in historischen Kostümen) den Kalender.

HOTELS
Warme Töne beherrschen die 33 Zimmer des € € **Hotel de l'amphithéâtre** in einem Palais des 18. Jh. (5 et 7, Rue Diderot, www.hotelamphitheatre.fr). In der Brasserie Nord Pinus saßen schon Pablo Picasso, Jean Cocteau, Ernest Hemingway, der Startorero El Cordobès: Nicht ganz billig sind die Zimmer im € € € / € € € € **Grand Hôtel Nord Pinus** (Place du Forum, Tel. 04 90 93 44 44, www.nord-pinus.com).

RESTAURANT
Im Bistro € € **Le Criquet** (21 Porte de Laure, Tel. 04 90 96 80 51, So./Mo. geschl.) stehen provenzalische Klassiker auf der Karte.

AUSFLUG
Über die Autobahn gelangt man rasch ins 30 km westlich gelegene, nicht mehr zur Provence gehörende **Nîmes** (www.ot-nimes.fr).

UMGEBUNG

Nordöstlich der Stadt beeindrucken an der Straße die Ruinen der **Abtei von Montmajour** (4 km; www.montmajour.monuments-nationaux.fr). Ca. 40 km östlich duckt sich unter der auf einem Felsen errichteten Empéri-Burg **Salon-de-Provence**, Hauptort der Crau, dem Hinterland der provenzalischen Küste. Einst war es Wohnort von Nostradamus; sein Haus ist Museum (www.visitsalondeprovence.com).

INFORMATION

Office du Tourisme d'Arles,
Boulevard de Lices, 13200 Arles,
Tel. 04 90 18 41 20, www.arlestourisme.com

4 Camargue

Die Fauna und Flora des weiten Feuchtgebiets zwischen den beiden Rhônearmen ist durch den rund 85 000 ha umfassenden regionalen Naturpark der Camargue geschützt.

SEHENSWERT

Mehr als 400 **Vogelarten** leben in der Camargue. Markierte Fuß-, Rad- oder Reitwege erschließen die urwüchsige Schönheit der Schwemmlandschaft. Der Wallfahrtsort **Stes-Maries-de-la-Mer** hat sich ganz auf die Scharen von Touristen eingestellt, die nicht nur jährlich am 24. Mai in den Ort strömen, wenn Roma, Sinti, Jenische und andere Gruppen die Pilgerfahrt zu Ehren ihrer Schutzheiligen, der schwarzen Sara, unternehmen. Ihre Reliquien geleiten sie in einer Prozession aus der Wehrkirche Notre-Dame-de-la-Mer zum Meer.

MUSEEN

Das **Musée de La Camargue** im Mas du Pont-de-Rousty, einem typischen Gehöft an der RD 570, ca. 10 km südwestl. von Arles, zeichnet die Geschichte menschlicher Aktivität in der Region nach und hat einen 3,5 km langen Entdeckungsparcours eingerichtet (www.parc-camargue.fr, Mi.–Mo. 9.00–12.30, 13.00–18.00 Uhr, Okt.–März kürzer). Alles zum Reisanbau erfährt man im **Musée du riz**, südöstlich über die D 36, Richtung Port-St-Louis-du-Rhône (Route des Salins-de-Giraud, Rizerie du petit Manusclat, Le Sambuc, www.museeduriz.fr, Di., Do. 9.00–12.30, 14.00–18.00 Uhr, März–Juni/ Sept.–Nov. nur Di., sonst auf Anfrage).

VERANSTALTUNGEN

Um den 14. Juli sind Höhepunkte des Stierkampfes die **Corridas** in den Arenen von Méjanes und von Stes-Maries-de-la-Mer.

HOTEL

Die € € **Domaine Sainte Cécile** bietet Suiten und Appartements in einem ehemaligen Landkloster nahe des Etang Vaccarès (www.gite-saintececile.com, nur wochenweise).

INFORMATION

Office de Tourisme, 5, Avenue van Gogh, 13460 Stes-Maries-de-la-Mer, Tel. 04 90 97 82 55, www.saintesmariesdelamer.com

Genießen Erleben Erfahren

DuMont Aktiv

Per Rad zur Beobachtungsstation

Frankreichs einzige Kolonie rosafarbener Flamingos nistet am Etang du Fangassier im Herzen der Camargue. Im Rahmen einer Radtour vom Salzstädtchen Salin-de-Giraud aus gelangt man zur Beobachtungsstation.

Die Hinweisschilder nach Faraman und Beauduc geben die erste Orientierung, dann geht es vorbei an der Compagnie des Salins du Midi. Schon hinter dem Dorf Faraman wird die Straße zur Piste, gesäumt von Teichen. Etwa 1 km nach Tourvieille, einem Verteidigungsturm aus dem 17. Jahrhundert, biegt man hinter einem Brückchen nach rechts auf die Digue à la Mer ab.

Von diesem Damm sind sie schon zu sehen, die ersten Flamingos und Reiher. Dort, wo es weitergeht nach Beauduc, versperren Steinblöcke den Weg – Autos dürfen hier nicht mehr fahren. Für Drahtesel ist das kein Problem. Ein zweites Hindernis dieser Art erwartet den Radelnden etwa 2,5 km weiter. Dann ist auch schon der Holzkubus der Beobachtungsstation sichtbar. Wer Glück hat, sieht von deren Aussichtsplattform eine rosafarbene Wolke. Alles Flamingos! Etwa 10 000 Paare leben auf der Insel im Etang du Fangassier, sie bauen hier ihre Gelege und brüten. Mit dem Fernglas holt man sich den Vogelalltag ein wenig näher. Das gute Dutzend nun meist gut befestigter Kilometer radelt man durch Stierweiden über Mas St-Bertrand zurück.

Weitere Informationen

Planung:
Beobachtungsstation: April bis Ende Juni; Länge der Tour: knapp 30 km; je nach Beobachtungsdauer 3,5 bis 5 Std.
Das Tourismusbüro in Arles hält ein Faltblatt mit Infos zur Tour (frz.) und Routenkarten vor, abrufbar unter:
www.arlestourisme.com/document/pdfs_document/N9_flamants_sel.pdf

Restaurant:
Mas St-Bertrand,
13129 Salin-de-Giraud,
www.mas-saint-bertrand.com

VRGA·AARON

Ein offenes Tor zur Welt

Weiße Felsen vor türkisblauem Wasser. Winzige Buchten, die nur per Boot oder zu Fuß erreichbar sind. Sanfte Hügelketten und stille Berglandschaften, denen Marcel Pagnol ein unvergessliches literarisches Denkmal setzte. Ursprüngliche Dörfer, die ganze Malergenerationen begeisterten. Und ein uralter Welthafen, der sich zur zukunftsweisenden Kulturmetropole wandelte. Marseille und seine Umgebung sind wohl das kontrastreichste Stück Provence, das man sich denken kann.

Die Kathedrale La Major in Marseille ist der Hagia Sophia nachempfunden, ihre Kuppeln sind mit einem prachtvollen Dekor überzogen.

Ein Mastengewirr hat sich vor die Fassaden der Häuser am Hafen von Marseille geschoben.

Ein beliebtes Ausflugsziel von Marseille aus
ist das Château d'If.

Guter Fang am Hafen
von Marseille

Marseille wird von Menschen verschiedener Nationen geprägt, fast die ganze Welt hat der Stadt den Stempel aufgedrückt.

„Marseille gehört dem, der über das Meer kommt."

Blaise Cendrars

Schroff wendet die antike Hafenstadt dem Land den Rücken zu. Dem Wasser indes öffnet sie sich weit: ein großzügiges Tor zur Welt, nach Afrika und in den Orient, mit einem tief ins historische Zentrum hineinreichenden Vieux Port und fast 60 Kilometer Küstenlinie, an der sich heute mehr als ein Dutzend Jachthäfen reihen und doppelt so viele Strände.

Marseille war und ist mehr als eine Stadt. Das hügelige Konglomerat aus elf Dörfern an der Mündung dreier Flüsse zeigt selbst seinem Kenner immer wieder ein anderes Gesicht. Und immer wieder ist sie für Überraschungen gut: Hier wurde Frankreichs Nationalhymne ebenso geboren wie der Starkicker Zizou (Zinedine Zidane), die beiden Choreografen Marius Petipa und Maurice Béjart.

Ein Schmuddelkind macht sich schick

Kriminalität, Korruption, Arbeitslosigkeit, Überfremdung – lange Zeit stand Marseille in üblem Ruf. Inzwischen hat sich das Blatt gewendet und „Frankreichs Chicago" gilt heute als angesagte Stadt des Landes. Luxuriöse Designhotels, hippe Läden, moderne Restaurants verändern das Gesicht der vor mehr als 2600 Jahren begründeten Mittelmeermetropole. „Marseille ist dabei, seine noble Vergangenheit wiederzufinden", heißt es stolz aus dem Rathaus –

Das Marinemuseum von Marseille ist in der
ehemaligen Börse untergebracht.

Romanische und byzantinische Elemente
treffen in der Kathedrale La Major in Marseille aufeinander.

Café am Quai des Belges am Hafen von Marseille

Die für ihn errichtete Residenz, das Château de Pharo, bewohnte Napoleon III. nie.

„Marseille ist immer Marseille: Betäubender Lärm auf der Canebière, sinnlose Hast der Leute …“.

Sidonie-Gabriele Colette über Marseille

vor allem von jenen, die im Tourismus ein zweites Standbein neben dem Industriehafen sehen.

Im Zeichen der Kultur

Da kam die Wahl zur „Kulturhauptstadt Europas 2013“ gerade recht; die zu jenem Zeitpunkt bereits angestoßenen Projekte Europort du Sud/Euromediterranée wurden im Hinblick auf dieses besondere Jahr beschleunigt. Das Ergebnis reicht vom hypermodernen Comeback der historischen Straßenbahn über den neuen Gare Maritime, den zweiten Flughafenterminal und die Einweihung der TGV-Strecke zwischen Marseille und Paris bis hin zur Esplanade J4 am Hafeneingang mit dem Museum der Zivilisationen Europas und des Mittelmeers MuCEM. Bereits in den ersten sechs Monaten nach seiner Fertigstellung zog Rudy Riciottis gläserner Würfel mit Netzfassade mehr als zehn Millionen Besucher an. Der Museumsbau des in Algerien geborenen Franzosen steht Seite an Seite mit der ebenfalls neuen, in ihrer Sprungbrett-Optik kaum weniger spektakulären Villa Mediterranée, einem ebenfalls der Mittelmeerthematik gewidmeten Kulturzentrum, konzipiert von dem Mailänder Architekten Stefano Boeri. Ein dritter international renommierter Baumeister, der Brite Sir Norman Foster, zeichnet mit seinem Team verantwortlich für die Neugestaltung der Stirnseite des Vieux Port.

Außer mit weiteren neuen Bauwerken – darunter Zaha Hadids Glasturm für die drittgrößte Reederei der Welt sowie das neue Einkaufszentrum Les Terrasses du Port des Franzosen Michel Pétuaud-Létang vom Cabinet 4A – schmückt sich Marseille inzwischen auch mit Kulturstätten wie dem zum Theater umgestalteten „Silo“, einem ehemaligen Mehlspeicher am Quai d'Arenc, putzte in die Jahre gekommene Museen heraus und sorgte auch für ein Facelifting der Friche de la Belle de Mai, einer ehemaligen Tabakmanufaktur, die dank kreativer Hausbesetzer zum angesagtesten Treffpunkt alternativer Kultur mutierte.

Und es geht weiter mit Marseilles Planungen in Sachen städtischer Architektur und Infrastruktur. So wurde 2015 der erste Abschnitt einer dritten Straßenbahnlinie eingeweiht, die die Nord-Süd-Trasse komplettieren sowie bis 2023 sukzessive einige Randviertel anbinden wird. Und nachdem der neue Steg vom Fort Saint-Jean hinüber ins Panierviertel sich großer Beliebtheit erfreut, denken die Stadtväter bereits intensiv über einen weiteren Brückenschlag nach: diesmal über das Hafenbecken. Bereits ab 1905 bis zu seiner Zerstörung 1944 hatte

Sanft schaukeln die bunt bemalten Boote im Hafen von Cassis.

Eine paradiesische Ruhe herrscht um
die tief eingeschnittene Calanque d’en Vau.

ein solcher „pont transbordeur“ existiert; er kann hochgezogen werden und behindert damit nicht den Schiffsverkehr. Erste Entwürfe für eine moderne Variante existieren bereits.

Datteln und Bouillabaisse

In Marseille, heißt es, beginnt der Maghreb. Tatsächlich hat keine andere Stadt Frankreichs einen so hohen Anteil nordafrikanischer Zuwanderer. Aber außer diesen prägen Dutzende weiterer Nationen das Bild der Stadt. Auch kulinarisch. Ein koscherer Schlachter hat seinen Laden gegenüber dem Händler mit „Spécialités orientals“, der Datteln, Couscous und Basmatireis in großen Tüten verkauft. An den Marktständen türmen sich Artischocken und Ingwer-Knollen. Es gibt Restaurants mit griechischen, ukrainischen, libanesischen Spezialitäten. Doch der berühmteste Gaumenbotschafter der Hafenmetropole ist nach wie vor die Bouillabaisse. An den Ständen im Hafen glänzen ihre Zutaten im frühen Morgenlicht.

Felsspektakel in Weiß

Kräftig schaukelnd tuckert das kleine Boot voran. Sein Bug pflügt das Wasser quer zum Schlag der Wellen, die an den Saum der blendend weißen, steil aufragenden Felsküste streben. Plötzlich ändert der Kapitän den Kurs um 90 Grad: Wir fahren hinein in eine Art Fjord, die Calanque d'en Vau. Türkisblaues Wasser schimmert um den Kiel. Der Begriff „calanque“ leitet sich vom provenzalischen „calanco“ ab, dem Wort für zerklüftet. Er steht für die gesamte Küstenlandschaft zwischen Marseille und Cassis. Über fast 20 Kilometer ziehen sich ab dem Fischerdorf Les Goudes diese Buchten entlang. Das Auf und Ab des Meeresspiegels während der Eiszeiten schnitt tiefe Kerben in das sonnengebleichte Kalkgestein. In einer von ihnen entdeckte der Speologe Henri Cosquer 1991 eine urzeitliche Wohnhöhle, geschmückt mit Ritzungen und Tierdarstellungen.

Pastis

Special

Beliebter Aperitif in neuen Rezepten

Sein Name bedeutet schlicht „Mischung“, vom provenzalischen Wort „pastisson“. Und seine Geschichte ist eng mit jener des Absinth verknüpft, jenes Getränks, das 1915 verboten wurde – hatte man doch herausgefunden, dass er das Nervengift Thujon enthielt.

Als Anfang der 1930er-Jahre der Verkauf von „härteren“ Anisgetränken wieder gestattet wird, tritt Paul Ricard auf den Plan. Der junge Weinhändlersohn aus Marseille hatte schon vor geraumer Zeit einen Pastis aus grünem Anis, Lakritz, Fenchel, Muskat, Vanille, Zimt, Zucker und 40-prozentigem Alkohol entwickelt. Höchstpersönlich zieht er nun durch die Bistros und Cafés seiner Heimatstadt, um den neuen Aperitif zu lancieren und das typische, selbst entworfene gelbe Wassergefäß zu verteilen, dessen Tülle die Eiswürfel zurückhält. Bald erobert „der kleine Gelbe“ die Bars der Provence und schließlich auch jene der Städte Lyon und Paris.

Die Rezeptur des Pastis ist streng geheim.

Eigentlich ist der Pastis klar und bronzefarben oder farblos, manchmal blau, durch die Verdünnung mit Wasser wird er milchig. Heute gibt es neben industriellen Herstellern wie Ricard, Pernod und Bardoin (in Forcalquier) eine kleine Gruppe passionierter Familienunternehmen, die ihre eigenen Pastis-Rezepturen entwickelt haben. Jean Boyer zählt zu ihnen ebenso wie Frédéric Bernard in der Maison du Pastis am Vieux Port von Marseille.

In dem Geschäft in Forcalquier warten vielfältige Aromen auf ihre Entdeckung.

Der Parc du Mugel (unten) bei La Ciotat fasziniert mit seiner Pflanzenpracht und spektakulären Ausblicken, Aubagne (rechts) mit seiner hübschen Altstadt. La Ciotat (oben) hat sich seinen Charme als Fischerort bewahrt.

An der Route des Crêtes gelegen, erlaubt das Cap Canaille wunderschöne Blicke über Küste, Bucht und die vorgelagerten Inselchen.

Später am Tag kommen die Schwimmer und Sonnenanbeter, denn so manche der Buchten hat einen Sandstrand und ist groß genug, um kleine Behausungen aufzunehmen, die „cabanons“. Im Sommer pulsiert um diese alten Fischerhütten das Marseiller Freizeitleben; mit Picknickschmaus, Boulespiel und Badespaß. Die Häuschen, ohne Strom- und Wasserzugang, entstanden zu Beginn des 20. Jahrhunderts als Schuppen für Fischerboote. Inzwischen werden sie von Generation zu Generation vererbt.

Wildromantische Buchten

Über den vom Mistral geschützten Buchten der Calanques herrscht ein besonderes Trockenklima. Es ließ eine spezielle Fauna und Flora entstehen, begünstigt aber auch Waldbrände. Die Buchten sind nur per Fußmarsch oder vom Wasser aus zu erreichen. Segler lieben sie ebenso wie Felskletterer und Taucher. Der Panoramablick vom Küstenpfad ist überwältigend: Über die vorgelagerte Riou-Inselgruppe, aus deren Gewässern man Tausende von Amphoren und Keramiken von gesunkenen antiken Schiffen barg, reicht er bis zum Horizont.

Film- und Romankulisse

Kaum ein zweiter Autor Frankreichs hat Marseille und seine Umgebung so ausführlich und liebevoll in Szene gesetzt wie Marcel Pagnol. 1895 in Aubagne geboren, ab 1904 in Marseille zu Hause, machte der bis heute in ganz Frankreich populäre Sohn eines Lehrers und einer Modeschöpferin zunächst mit Theaterstücken über die Menschen seiner Heimat von sich reden: „Marius“, „Fanny“ (das sogar für den Broadway adaptiert wurde), „César“. Alle diese Bühnenwerke wurden erfolgreich verfilmt. Als Schriftsteller berühmt wurde der Theatermann und Cineast durch die Romantrilogie, in der er seine Kindheits- und Jugenderinnerungen niederschrieb: „La gloire de mon père“, „Le château de ma mère“ und „Le temps des secrets“. Nach Pagnols Tod 1974 kam diese wie auch weitere Werke als Filmversion in die Kinos – mit brillanten Darstellern wie Gérard Depardieu, Yves Montand und Emmanuelle Béart. Fast alle Schauplätze der Pagnol'schen Werke sind bis heute in dem magischen Landschaftsdreieck zwischen Marseille, Allauch und Aubagne erhalten, das ihn inspirierte. Und im 11. Arrondissement von Marseille erfüllte sich posthum sein lang gehegter Traum: Die Stadt richtete im verlassenen historischen Château de la Buzine die „Maison des cinématographies de la Méditerranée“ mit fast 500 Quadratmeter Ausstellungsfläche ein. Pagnol hatte es bereits 1944 gekauft.

Blaues Küstenwunder (nicht nur) für Künstler

Das blaue Küstenwunder beginnt bereits im Stadtgebiet: L'Estaque, einst einer der Lieblingsorte französischer Künstler am Mittelmeer, liegt heute in Marseilles 16. Arrondissement. Georges Braque, dessen erste Werke vom Impressionismus beeinflusst waren, malte hier am Hafen sein erstes kubistisches Bild. Bevor die Industrie kam, mit Soda-, Fliesen- und Zementfabriken, zog es auch schon Auguste Renoir und Paul Cézanne in das Fischerdorf. Der deutsche Maler August Macke war ebenfalls fasziniert von L'Estaques Licht und Farben. Ein „Weg der Maler“ erinnert an die großen Künstler an der Côte bleue.

Der Panoramablick vom Küstenpfad ist überwältigend.

SEIN & DESIGN

Mode made in Marseille

Die südfranzösische Metropole hat sich seit den 1990er-Jahren zu einem Kreativpool entwickelt, dessen Potenzial weit über das Mittelmeer strahlt. Neue Modelabels erobern die Läden.

Emma François? Muss man die kennen? Wer sich auskennt in Mode, kennt Emma. Oder besser: ihr Label. Sessùn. Eine geschickte Mischung aus mädchenhaft und lässig. Urban Culture Look auf der Basis von jeweils einem guten Dutzend gemusterter Stoffe. Die ersten stammten aus Südamerika. Dort entdeckte Emma ihren Hang zur Couture. In Marseille machte die Anthropologin aus der Neigung ein Metier – mithilfe des Institut Mode Méditerranée, (IMM), das inzwischen mit der Cité Euroméditerranéenne de la Mode zur Maison Méditerranéenne des Métiers de la Mode (MMMM) fusionierte, einer Institution, die künstlerische und wirtschaftliche Aspekte der Mode vereint. Zum MMMM zählte ursprünglich auch das Musée d'Art déco et de le mode de Marseille, das inzwischen in die prächtigen Räume des Château Borely umgezogen ist.

Maryline Bellieud-Vigouroux hat über einen Zeitraum von mehr als zwei Jahrzehnten maßgeblich zur Entwicklung all dieser Institutionen beigetragen. Heute steht die Gründerin von IMM und Modemuseum dem neuen Direktor des MMMM als Beraterin zur Seite und sitzt u. a. in der Jury des Mediterranean Fashion Prize. „All die Projekte, die nun unter dem Dach der Maison Méditerranéenne des Métiers de la Mode (MMMM) zusammengeführt wurden, sind Garant für die weitere professionelle Entwicklung der Stadt in Sachen Mode", freut sich die italienischstämmige Marseillerin.

> Der Ansatz, junge Talente und Marken der Region zu fördern, wird fortgeführt.

Ein spezieller Stil

1957 war sie in der südfranzösischen Hafenmetropole zur Welt gekommen; mit ihrer Großmutter entdeckte sie die Welt der Couture. 1986 war das entscheidende Datum für sie. Ihr damaliger Ehemann wurde Bürgermeister von Marseille. Maryline wollte zur Kreation eines neuen Images der Stadt beitragen. Ihre Fragestellung war, was die Ein-

Freie, kühne Formen und frische Ideen machen den „mediterranen Stil" in der Mode aus.

zigartigkeit und Stärke von Marseille ausmachte. „Rasch war mir klar, es ist der Mix der Kulturen, das Miteinander verschiedener gesellschaftlicher Gruppen. Designer, Musiker, bildende Künstler befruchten sich hier gegenseitig; das führte in der Mode zu diesem ‚mediterranen' Stil."

Mode mit Auszeichnung

Anfangs freilich zeigten sich die Verantwortlichen in Marseille skeptisch in Bezug auf die Mode-Idee ihrer neuen First Lady. In Paris indes fand sie Unterstützung. Danach wandte sich auch in der Provence das Blatt. Bereits 2010/11 konnte Maryline Bellieud-Vigouroux zwei Designerinnen „des Südens" mit der Charte des Créateurs auszeichnen; dem Stipendienpreis des IMM: Christina Sfez und Rosemarie Blum. Sie erhielten jeweils 20 000 Euro, um ihre Marke auf- und auszubauen. Beide Designerinnen haben sich in Marseille beziehungsweise in der Umgebung niedergelassen; die retro-dynamischen Kreationen für das Luxuslabel Rosemarie B. entstehen zwischen Marseille und Montpellier; Christinas klarlinige Urbanwear-Marke d.dikate wird in Marseille und Casablanca produziert.

Begehrte Förderung

Inzwischen bietet eine der drei Säulen des MMMM, die Maison de la Formation, zwei Masterstudiengänge mit dem Titel „Métiers de la Mode et du textile" an. Die zweite MMMM-Institution, die Maison de la Création, ermöglicht jungen Talenten von beiden Seiten des Mittelmeeres Masterklassen, in denen sie von bekannten Größen aus Kultur, Wirtschaft und Wissenschaft unterrichtet werden. La Maison des Evénements Economiques et Culturels (MEEC) schließlich führt den Ansatz des IMM weiter, junge Marken und Unternehmer der Region Provence-Alpes-Côtes d'Azur zu fördern. Emma François ist mit ihrem Label Sessùn längst über die Grenzen Frankreichs hinaus bekannt. Inzwischen lebt sie wieder, wo ihre Karriere begann: in Marseille.

Fakten & Informationen

Adresse & Öffnungszeiten des Modemuseums
Château Borély
Musée des Arts décoratifs, de la faïence et de la mode
134, Avenue Clot-Bey
Di.–So. 10.00–18.00 Uhr
mit Restaurant/Salon de thé
www.cafeborely.fr

http://musee-borely.marseille.fr

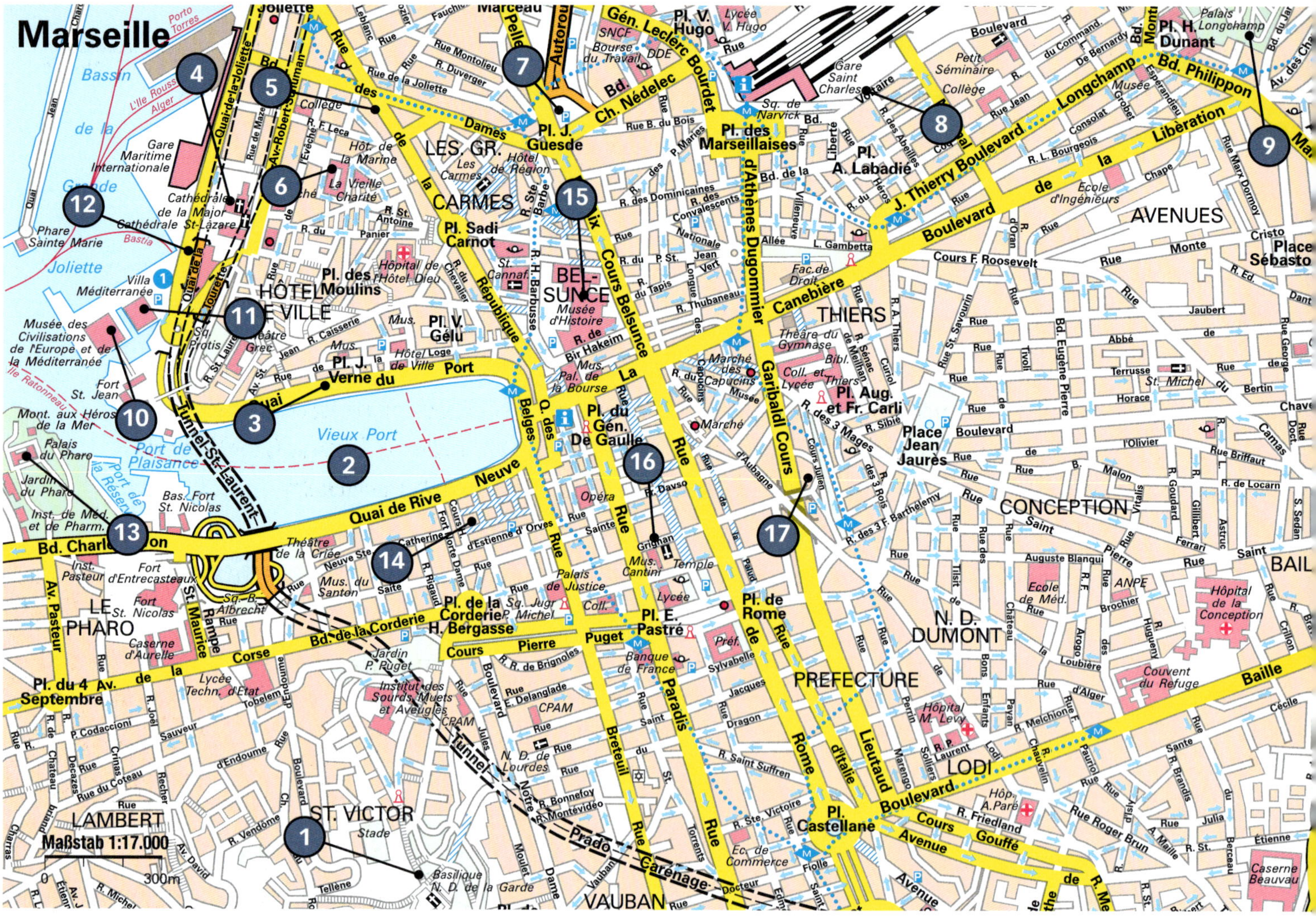
Marseille
Maßstab 1:17.000
0
300m
1
2
3
4
5
6
7
8
9
10
11
12
13
14
15
16
17
Vieux Port
Bassin de la Grande Joliette
Gare Maritime Internationale
Cathédrale de la Major
Cathédrale St-Lazare
Phare Sainte Marie
Villa Méditerranée
Musée des Civilisations de l'Europe et de la Méditerranée
Fort St. Jean
Mont. aux Héros de la Mer
Palais du Pharo
Jardin du Pharo
Port de Plaisance
Fort St. Nicolas
Fort d'Entrecasteaux
LE PHARO
HÔTEL DE VILLE
LES GR. CARMES
BELSUNCE
THIERS
CONCEPTION
N. D. DUMONT
PREFECTURE
LODI
ST. VICTOR
LAMBERT
VAUBAN
AVENUES
Quai de Rive Neuve
Quai du Port
Tunnel St-Laurent
Bd. Charles Livon
Canebière
Cours Belsunce
Rue de la République
Garibaldi Cours
Cours d'Athènes Dugommier
Bd. de la Libération
Bd. Longchamp
Bd. Philippon
J. Thierry Boulevard
Boulevard Baille
Cours Lieutaud
Rue de Rome
Rue Paradis
Rue Breteuil
Prado Carénage
Pl. de la Joliette
Pl. J. Guesde
Pl. des Marseillaises
Pl. Sadi Carnot
Pl. des Moulins
Pl. V. Gélu
Pl. du Gén. De Gaulle
Pl. E. Pastré
Pl. de Rome
Pl. Castellane
Pl. A. Labadié
Pl. Aug. et Fr. Carli
Place Jean Jaurès
Pl. V. Hugo
Pl. H. Dunant
Place Sébastopol
Pl. du 4 Septembre
Gare Saint Charles
Basilique N. D. de la Garde
Théâtre de la Criée
Opéra
Hôpital de la Conception
Palais Longchamp

Maßstab 1:310.000
0
3
6km
18
19
20
21
22
23
25
Etang de Berre
ISTRES
MARTIGUES
MARIGNANE
VITROLLES
Aéroport Marseille-Provence
Chaîne de l'Estaque
Chaîne de Vitrolles
Chaîne de l'Etoile
Chaîne de St Cyr
MARSEILLE
(Grec: Massilia)
Rade de Marseille
Île Ratonneau
Île Pomègues
Château d'If
Cap Croisette
Île Tiboulen
Île Maire
Île de Planier
Île de Jarre
Île Calseraigne
Île de Riou
Les Calanques
Massif de Marseilleveyre
la Madrague-de-Montredon
Cassis
LA CIOTAT
AUBAGNE
Gémenos
Gardanne
Allauch
Plan-de-Cuques
Septèmes-les-Vallons
Les Pennes-Mirabeau
Gignac-la-Nerthe
Carry-le-Rouet
Sausset-les-Pins
Châteauneuf-les-Martigues
Roquevaire
Garlaban
Pilon du Roi
Grande Etoile
Cap Couronne
Cap Canaille

Mit kräftig aufpoliertem Image

Vom Fähr- und Industriehafen mausert sich Frankreichs älteste Stadt zur In-Location. Doch nicht nur die Wandlungen verleihen der Stadt ihre Attraktivität, das multikulturelle Marseille ist zudem umgeben von schönsten landschaftlichen Reizen: der Côte bleue etwa, den Calanques und dem Garlaban-Massiv.

1 – 23 Marseille

Griechen legten mit ihrem Hafen Massalia (um 600 v. Chr.) den Grundstein zur bis heute wichtigsten französischen Seehandelsmetropole. Industrie siedelte sich an; es entstanden elegante bürgerliche Bauwerke, Boulevards, Palais und Landvillen. Mit dem Projekt Euroméditerranée erhält Marseilles weltoffene Dynamik ihre zeitgenössische Form: Stadtplanung, Wohnungsbau und kulturelle Aktivitäten greifen ineinander, was sich auch schon in Marseilles Kulturhauptstadtjahr 2013 bewiesen hatte.

SEHENSWERT

Weithin sichtbar thront sie auf ihrem 160 m hohen Hügel über der Stadt: „la bonne mère", die gute Mutter, offiziell 1 **Basilika Notre-Dame-de-la-Garde**. Eine vergoldete Marienstatue ragt vom Glockenturm auf; im Inneren ist die Kirche mit weißem und dunklem Marmor ausgekleidet. Von der Basilika bietet sich ein überwältigender Ausblick.

AM VIEUX PORT

Unten im 2 **Vieux Port** TOPZIEL (Alten Hafen), am Quai des Belges, preisen Fischer jeden Morgen fangfrisches Meeresgetier an. An der Nordseite des Hafenbeckens liegt der 3 **Quai du Port** mit dem barocken Rathaus, der Maison Diamantée aus dem 16. Jh. und Arkaden, die allerlei Restaurants und Läden bergen.

NÖRDLICH DES HAFENS

Hinter dem Quai du Port beginnt das **Panierviertel** auf dem ehemaligen Mühlenhügel, der Keimzelle Marseilles und lange Zeit Heimat armer italienischer Einwanderer. Inzwischen durch einen Steg mit den neuen Museen und Kulturinstitutionen an der Esplanade J4 zu Füßen des Fort Saint-Jean verbunden, haben sich in den engen Gassen hippe Kneipen etabliert. Nordöstlich der 4 **Kathedrale La Major,** die im 19. Jh. der Hagia Sophia nachempfunden wurde und auch romanische Elemente des Vorgängerbaus aufweist, erstreckt sich das trendige **Joliette-Viertel** mit historischen Speicherbauten, Shoppingadressen und der im Zweiten Kaiserreich angelegten prächtigen 5 **Rue de la République.** Das einstige Armenkrankenhaus 6 **La Vieille Charité** gilt als eines der schönsten Barockensembles in Frankreich. 7 **Porte d'Aix** – der imposante Triumphbogen – und die nordöstlich gelegene 8 **Gare St-Charles** (Bahnhof; beide 19. Jh.) sind markante Eckpunkte des Immigrantenviertels Belsunce, eines lebendigen Stücks Nordafrika mit Straßenbasaren und Kaffeehäusern.

Nach einem Bummel an der Canebière gibt es Erfrischungen im Café oder auf dem Markt.

ÖSTLICH DES HAFENS

Von den Seilerwerkstätten, in denen einst, nahe der Werften, aus Hanf („canèbe/chanvre") Taue gedreht wurden, hat die **Canebière** ihren Namen. Nach dem Abriss des Arsenals 1774 entstanden prunkvolle Palais wie jenes der **Börse.** Rund um den 17 **Cours Julien** hat sich das Szeneviertel La Plaine entwickelt. Cafés und Bars kommen in den Gassen mit Boutiquen zusammen.

SÜDLICH DES HAFENS

Im 14 **Carré Thiars** lag einst das Galeerenareal. Die historischen Lagerhäuser bergen heute Restaurants, Kunstgalerien, Ateliers und Theater. Über den **Quai de Rive Neuve** mit Hotels gelangt man ins 7. Arrondissement, wo die mittelalterliche Wehrkirche **St-Victor** und das 13 **Château du Pharo**, Residenz von Napoleon III. (zum Kongresszentrum umgestaltet), architektonische Zeichen setzen.

IM SÜDEN

Unweit der Kreuzung der Küstenpromenade mit der 1839 angelegten **Avenue du Prado** wurde das Freizeitareal Prado aufgeschüttet – aus dem Geröll, das beim Bau der Metro angefallen war. In der Nähe liegt die 18 **Cité Radieuse/Unité d'Habitation**, Le Corbusiers revolutionäre Wohnanlage aus den frühen 1950er-Jahren. Vom Château du Pharo aus folgt die **Küstenstraße La Corniche** dem Mittelmeersaum, zunächst vorbei an dem Denkmal des Bildhauers Sartorio für die Gefallenen der Orientarmee und dem pittoresken Fischerdorf **Vallon des Auffes** mit Restaurants und Kneipen, einem Dorfhafen inmitten der Metropole. Nach der **Malmousque-Bucht** (dank einer mustergültigen Kläranlage ist das Wasser um Marseille ziemlich sauber!) zeugen herrschaftliche Anwesen vom Baustil des Marseiller Großbürgertums, der Belle Époque.

MUSEEN

Ein Leuchtturm in der Museumslandschaft von Marseille ist das 10 **MuCEM, Musée des Civilisations de l'Europe et de la Méditerranée** (www.mucem.org) zu Füßen des Fort St-Jean. Ebenfalls auf dem neu gestalteten Gelände der Hafenspitze liegen die 11 **Villa Mediterranée** (www.villa-mediterranee.org) und das – in der einstigen Gesundheitsstation am Hafen eingerichtete – 12 **Musée regards de Provence** mit Kunst der Region (Allée Regards de Provence/Rue Vaudoyer, www.museeregardsdeprovence.com). Die Vieille Charité beherbergt u. a. das 6 **Musée de d'archéologie méditerranéenne**; das 15 **Musée d'histoire de Marseille** wurde großzügig erweitert (2, Rue Henry Barbusse, http://musee-histoire-de-marseille.marseille.fr). Eine architektonische Hymne an das Wasser verkörpert das 9 **Palais Longchamps**. Eine der schönsten Sammlungen Frankreichs mit Kunst von 1900 bis 1960 besitzt das 16 **Musée Cantini** (19, Rue Grignan, http://musee-cantini.marseille.fr). In der Nähe von Le Corbusiers Cité Radieuse residiert das 19 **Musée des arts décoratifs et de la mode** (134, Ave. Clôt-Bey), während im Pagnol-Schlösschen La Buzine die 20 **Maison des cinématographies de la Méditerranée** beheimatet ist mit einer Dauerausstellung zum Thema Mittelmeerkino (56, Traverse de la Buzine, http://labuzine.com; alle Museen in der Regel 10.00–18.00 Uhr).

AKTIVITÄTEN

Stadtrundgänge führen u. a. durch das alte Marseille („quartier du Panier"), zu den Brunnen, den Docks, berühren aber auch Wege jüdischer Geschichte; eine Tour führt in Le Corbusiers Cité Radieuse (Infos im OT). Das Tourismusamt bietet jeden Fr. (14.00–17.00 Uhr) und jeden Sa. (9.00–12.00 Uhr) geführte **Calanques-Wanderungen** an (Jan. bis Mitte Juni und Mitte Sept. bis Dez.). Individuell kann man die Felsküste ab Goudes (GR 98) erkunden.

VERANSTALTUNGEN

Eines der vielen Events in Marseille ist die **Fête du Vélo** (1. Juni-So.): Große Teile der Stadt gehören dann den Fahrradfahrern. Jährlich Anfang Juli findet in Marseille das größte **Pétanque-Turnier** weltweit statt, im Oktober die **Fiesta des Sud** mit Musik und Kunst im Hafenareal (www.dock-des-suds.org).

HOTELS

Fast alle 51 Zimmer und Suiten des Hotels € €–€ € € **Résidence du Vieux Port** bieten einen tollen Blick auf den Alten Hafen (8, Quai du Port, www.hotel-residence-marseille.com). 21 lässig-elegante Zimmer birgt das € € **Alex Hôtel** (13–15 Place des Marseillaises, Tel. 04 13 24 13 24, www.alex-hotel.fr).

RESTAURANTS

Nur auf Vorbestellung wird im € € € **Chez Madie-Les Galinettes** die Bouillabaisse serviert (38 Quai du Port, Tel. 04 91 90 40 87). Mit dem € € € / € € € € **AM** errang Alexandre Mazzia einen Michelin-Stern (Rue François Rocca, www.alexandremazzia.com).

UMGEBUNG

Am Quai des Belges starten die Ausflugsschiffe zu den Frioulinseln und dem 21 **Château d'If.** Alexandre Dumas machte die Insel zum Schauplatz des „Grafen von Monte Christo". Am 22 **Cap Croisette** (7 km südl.) mündet die breite Küstenstraße in eine schmalere, die im Nichts endet. Fast alle 23 **Calanques** sind nur per Boot (von Marseille oder Cassis) aus zu erreichen sowie zu Fuß. An dem Binnensee Étang de Berre (westl.) liegt **Martigues,** das „Venedig der Provence".

INFORMATION

Office de Tourisme et des Congrès de Marseille, 11, la Canebière, 13001 Marseille, Tel. 33 08 26 50 05 00, www.marseille-tourisme.com

24 Aubagne

Aubagne entwickelte sich seit der ersten Erwähnung durch Julius Cäsar zu einem Zentrum der Keramik- und Santon-Herstellung. Künstler wie Henri Matisse oder Fernand Léger bedienten sich des Savoir-Faire örtlicher Faïenciers.

SEHENSWERT

Die **Altstadt** beherbergt in ihren Mauern rund 30 Ateliers von Keramikern und Santoniers.

MUSEUM

Im **Musée Le petit monde de Marcel Pagnol** werden mit 200 Unikat-Santon-Figuren Szenen aus den Büchern und Filmen Pagnols nachgestellt (Esplanade Charles de Gaulle 13, www.aubagne.fr, Mitte Feb.–Mitte Nov. tgl.).

VERANSTALTUNGEN

Bei der **Biennale Argilla** dreht sich alles um die Kreationen aus Ton (www.agglo-paysdaubagne. com/argilla; alle 2 Jahre, wieder 2017).

Die Panoramastraße Route des Crêtes macht ihrem Namen alle Ehre: Tolle Ausblicke ergeben sich von ihrem mäandrierenden Verlauf, wie nahe Ciotat.

Tipp

Kleine Heiligenfiguren

In den Wirren der Französischen Revolution schlossen die Kirchen, und die Gläubigen konnten an Weihnachten keine Krippe mehr besuchen. Louis Laguel, Bildhauer aus Marseille, formte kleine Figuren für den Privathaushalt, die „kleinen Heiligen" (provenz. „santoun"), aus Ton und bemalte sie. Neben Maria, Josef, dem Jesuskind und den Hirten verkörpern sie, oft nur wenige Millimeter groß, auch Menschen in ihrer Alltagsbeschäftigung: den Stierhüter, die Fischverkäuferin etc. Santoniers arbeiten inzwischen überall in der Provence, Marseille und Umgebung sind jedoch das Zentrum der Produktion. Seit 1803 gibt es in Marseille jedes Jahr im Dezember auch einen Santon-Markt.

Eine der berühmtesten Santonier-Adressen: Marcel Carbonel, 49, Rue Neuve Sainte-Catharine, www.santonsmarcelcarbonel.com, www.foire-aux-santons-de-marseille.fr

Alternierend steht der Ort am ersten Dez.-Wochenende ganz im Zeichen der Santonkunst mit der **Biennale de l'art santonnier.**

UMGEBUNG

Im nahe gelegenen **Massif du Garlaban** (ca. 12 km nördlich) fand der Schriftsteller Marcel Pagnol Inspiration. Ein Themenweg zwischen Aubagne, Allauch und Marseille erschließt über rd. 20 km die wichtigsten Stationen seiner Werke, darunter das Dörfchen **Treille**, auf dessen Friedhof Pagnol seine letzte Ruhestätte gefunden hat.
Der hübsche Hafen von **Cassis** (16 km südlich) mit seinen Café-Terrassen ist nach wie vor ein begehrtes Malermotiv. Über die Hügel beim einstigen Fischerdorf zieht sich ein etwa 180 ha umfassendes Weinbaugebiet (hauptsächlich Weißwein). Westlich erlaubt das **Cap Canaille** von der Höhe seiner Steilküste aus herrliche Blicke über die Küste.

INFORMATION

Office intercommunal du Tourisme du Pays d'Aubagne, 8, Cours Barthélémy, 13400 Aubagne, Tel. 04 42 03 49 98, www.tourisme-paysdaubagne.fr

25 La Ciotat

Dominiert von der prägnanten Silhouette des roten Felssporns Bec de l'aigle (Adlerschnabel) präsentiert sich der einstige Großwerft-Standort inzwischen als quirlige Badedestination mit Segelhafen und gut erhaltener Altstadt.

SEHENSWERT

Im **Eden Theater** im Zentrum, dem ältesten Kino der Welt, fand 1895 die erste öffentliche Filmvorführung statt. Die Gebrüder Lumière versetzten dabei die Zuschauer mit den bewegten Bildern eines in den Bahnhof der Stadt einfahrenden Zuges in Staunen (www.edentheatre.org). Es befindet sich gleich neben der **Kapelle der Schwarzen Büßer.** Weitere interessante Gotteshäuser sind die Pfarrkirche, die **Chapelle Notre-Dame-de-la-Garde** (westl.), sowie die **Chapelle des pénitents bleus** (Kapelle der Blauen Büßer; alle 17. Jh.). Im **Alten Rathaus** (1864) ist das Stadt- und Marine-Museum untergebracht (www.museeciotaden.org, Mi.–Mo. 15.00/16.00–18.00/19.00 Uhr). Viele Pflanzen und eine wunderbare Aussicht bietet der **Parc du Mugel** südwestlich der Werften. Im Meer vor der Stadt liegt die bewaldete **Île Verte**, eine beliebte Ausflugsinsel. Schiffe setzen vom Port Vieux (Hafen) über (15 Min.).

AUSFLUG

Von Cassis nach La Ciotat führt die **Route des Crêtes**, eine Panoramastraße (15 km) mit tollen Ausblicken von hohen Klippen.

INFORMATION

Office municipal du Tourisme, Blvd. Anatole France, 13600 La Ciotat, Tel. 04 42 08 61 32, www.tourisme-laciotat.com

Genießen Erleben Erfahren

DuMont Aktiv

Bouillabaisse-Kochkurs

Eine typische Marseiller Fischsuppe zu essen, ist bereits ein großes Vergnügen. Aber es geht noch besser: wenn ein Experte ihr Geheimnis verrät – sodass wir endlich wissen, wie die Spezialität zuzubereiten ist.

„Rrrrascasse", schnarrt die dralle Fischhändlerin hinter ihrem azurblauen Stand am Vieux Port. Drachenkopf, rot („rouge") und braun („brun)", übersetzt unser Guide. Dann zeigt er auf „grodin" (Knurrhahn), auf „fielas" beziehungsweise „congre" (Meeraal), St. Pierre (Petersfisch), „lotte" (Seeteufel) und „rougets" (Rotbarben). „Voilà, damit haben wir schon die Basis für eine Bouillabaisse. Aber je mehr Fischsorten in die Suppe kommen, desto besser." Sechs Augenpaare betrachten interessiert die Meeresbotschafter, die am Kopf des Hafenbassins ihrer Käufer harren.

Doucement! Vom Fischmarkt sind es nur wenige Schritte zu dem Restaurant am Quai du Port. Zehn Mitstreiter hat Christian Buffa hier am Herd; mit zweien von ihnen legen wir los: Erst den Fond, nach überliefertem Rezept (und angereichert mit ein paar Geheimtipps des Chefs); dann die Rouille, die typische Knoblauchmayonnaise. Sacht rühren und das Öl einfließen lassen, „mais continuellement". Langsam, aber stetig. Und den Safran nicht vergessen! Noch rasch die „croutons", die Weißbrotscheiben getoastet, dann heißt es schon: „à table", zu Tisch! Gemeinsam schmausen wir das Zubereitete. Hmm, köstlich. Merci Christian!

Weitere Informationen

Der Bouillabaisse-Kochkurs wird vom Tourismusamt Marseille in Zusammenarbeit mit dem Restaurant Miramar jeden dritten Donnerstag im Monat angeboten.

Planung:
Beginn: 9.30 Uhr (Treffpunkt mit dem Guide am Quai des Belges); bis ca. 14.00 Uhr. 5 bis 8 Teilnehmer, Kurssprache ist Englisch.

Kosten:
120 Euro p. P., Reservierung über Tel. 08 26 50 05 00
www.marseille-tourisme.com
www.lemiramar.fr

Brunnenreich und farbenfroh

Ein Bankierssohn aus Aix begründete die Malerei der Moderne mit seinen Tableaux der umliegenden Berge; sein Schulkamerad Emile Zola ging als Leitfigur des literarischen Naturalismus in die europäische Kulturgeschichte ein. Schon früh war zudem die Kunst feinster Fayencen im Ostzipfel der Provence erblüht – und die Natur schuf hier eines ihrer spektakulärsten Monumente: die Canyon-Landschaft der Gorges du Verdon.

Untrennbar miteinander verbunden: die Provence und ihre weiten Lavendelfelder mit dem satten Blauviolett

Aix-en-Provence ist eine jener Städte, in denen man gerne lebt oder leben würde. Mit einer Vielzahl an Brunnen vermag sie zu bezaubern, Cafés, Restaurants und schmucke kleine Läden haben sich in ihren Gassen angesiedelt.

Special

Paul Cézanne

Auf dem Weg in die Moderne

Paul Cézanne (1839–1906) träumte bereits früh davon, Maler zu werden. Aber erst 1857, im Alter von knapp 18 Jahren, schreibt er sich in der städtischen Zeichenschule seiner Geburtsstadt Aix ein.

Selbstporträt von Paul Cézanne (1875–77)

Der Weg des jungen Paul zur Kunst ist dornig. Abgebrochenes Jurastudium, Eintritt in die väterliche Bank, Aufenthalte in Paris, wo er mit Camille Pissaro Bekanntschaft schließt und an der Académie Suisse seine spätere Frau Hortense kennenlernt, aber mit seinen Arbeiten nicht zum Salon der Maler zugelassen wird.
Erst 1882 gelingt ihm dies – und danach niemals wieder. Allerdings nimmt er an der ersten (1874) und dritten (1877) Impressionistenausstellung teil. 1895 organisiert der Kunsthändler Vollard dann endlich die erste Einzelausstellung für den Maler – Cézanne steht kurz vor seinem 57. Geburtstag! Abgesehen von kleineren Reisen lebt der Künstler nun weitgehend in Aix, während Hortense und der gemeinsame Sohn Paris als ihren Lebensmittelpunkt betrachten. Cézanne zieht es hinaus, er malt meist vor den Toren seiner Heimatstadt: im Steinbruch Bibémus zu Füßen der Montagne Ste-Victoire, das Château Noir, in Le Tholonet. Seine Landschaften, Stillleben, Porträts, Naturdetails orientieren sich stark an alten Meistern wie Paolo Veronese und Rubens, wesentliche Erkenntnisse über die Farbgebung erhielt er von Eugène Delacroix.

Vor allem in den Werken Paul Cézannes findet sich die Montagne Ste-Victoire als Motiv.

Ob Schiene oder Straße: Es dauert kaum mehr als eine halbe Stunde, um von Marseille in die alte und noch immer heimliche Hauptstadt der Provence zu fahren. Autobahn und Nationalstraße verlaufen von der Küste kerzengerade nach Norden; nur die Bahnlinie macht einen kleinen Schlenker ostwärts, bevor sie hineinführt in das Zentrum von Aix. Alle Transportmittel gewähren durch ihre Fenster rechterhand den ersten spektakulären Blick auf die Montagne Ste-Victoire, einen weißgrauen Felsgrat, den Paul Cézanne zu einem Hauptmotiv seiner Malerei machte.

Fontänen und Gegensätze

Sprudelnd ist der Empfang, den Aix-en-Provence seinen Besuchern bereitet: Überall im Zentrum fließt Brunnenwasser. Am eindrucksvollsten gefasst ist es am Kreuzungspunkt der wichtigsten Avenuen, der Place de la Rotonde. Drei Statuen krönen dort das große Rundbassin; sie symbolisieren die Landwirtschaft (nach Marseille blickend), die Schönen Künste (nach Avignon gerichtet) und die Justiz (zum Cours Mirabeau gewandt). Der Prachtboulevard Cours Mirabeau selbst, von traditionsreichen Cafés und Bankhäusern gesäumt und von Platanen beschattet, trägt weitere drei Fontänen, darunter jene mit der Darstellung König Renés, der die Muskatellertraube in der Provence einführte. Die Fontaine d'eau chaude wird von einer Thermalquelle gespeist. Das ehrwürdige Bürgertum der nach Paris teuersten Stadt Frankreichs erfreut sich an dem fröhlich plätschernden Nass übrigens ebenso wie die große Schar von Studenten, die an den Hochschulfakultäten von Aix eingeschrieben sind und das Stadtbild beleben. Schon die Römer schätzten die Wasser von Aix; Reste ihrer Sextius-Thermen wurden beim Neubau des Kurhauses entdeckt.

Das Miteinander von Tradition und Moderne prägt Aix aber nicht nur in baulicher Hinsicht – Mittelalter, Barock,

Unendliches Blau wogt auf dem Plateau de Valensole (unten), während sich östlich davon Moustiers-Ste-Marie (rechts) eng an den Felsen drückt und südlich das Ste-Baume-Massiv (oben rechts) zu Wanderungen einlädt. Die Wallfahrtskirche in St-Maximin-la-Ste-Baume (unten rechts) geht auf einen Reliquienfund zurück.

Renaissance, 18. und 19. Jahrhundert bilden auch in Sachen Kunst und Literatur ein friedliches Konglomerat. Denn außer ihrem großen Malersohn Paul Cézanne huldigt die Stadt ebenso Victor Vasarély, dem aus Ungarn gebürtigen Vater der Op-Art. Und wer möchte, kann in Aix nicht nur auf den Spuren des großen Romanciers Emile Zola wandeln, sondern sich auf die Hintergründe des Werks von Saint-John Perse einlassen. Der Lyriker und Diplomat erhielt 1960 den Literaturnobelpreis.

Violett in luftigen Höhen

Höhenluft braucht der Lavendel, und die hat die Provence nicht nur in ihrem Herzen zu bieten, zwischen Mont Ventoux, Luberon und Lure-Massiv oder vor den

In langen Reihen ziehen sich die Lavendelpflanzungen bis hinauf zu den Kanten der Gorges du Verdon.

Toren von Montélimar, sondern ebenso zwischen Hochprovence und Verdon. Die Dörfer des Plateau de Valensole finden sich im Sommer in großen Lavendelfeldern wieder. Wie lange Reihen violetter Igel ziehen sich die Pflanzungen ab Gréoux-les-Bains bis hinauf zu den Kanten der Gorges du Verdon.

Schiffe aus Mandelpaste

Segelboote, so heißt es, hätten Pate gestanden für ihre Form. Andere Stimmen sagen, es seien die Weberschiffchen gewesen oder gar die Mandel selbst, deren gemahlene Masse die Grundzutat für die süßen „calissons" bildet. Fest steht jedenfalls, dass das rautenförmige, mit weißer Zuckerglasur überzogene Konfekt bereits im 16. Jahrhundert zu den beliebtesten Leckereien der Region um Aix gehörte. Während der großen Pestepidemie in den Jahren 1629 und 1630

Dramatisch tief haben sich die Gorges du Verdon in das Land eingeschnitten.

Ein Paradies für Kanu- wie Tretbootfahrer sind die ruhigeren Abschnitte der Gorges du Verdon.

„Welch eine erschreckend schöne, gewaltige Schlucht tat sich auf."

Otto Rombach

meinten einige Leichtgläubige sogar, sie würden verschont, wenn sie jeden Tag ein „calisson" äßen. Die Mandelschiffchen wurden auch später ähnlich verehrt wie Hostien, welche mancher Priester tatsächlich an Festtagen durch Süßigkeiten ersetzte und aus dem „caliche", dem Kelch, an die Gemeinde verteilte. Diesem liturgischen Gefäß, so heißt es mitunter, verdankten die „calissons" ihren Namen. Wie auch immer: Die köstlichen Rauten mit ihrer von Confiseur zu Confiseur wechselnden Menge kandierter Melonen, Orangen, Mandarinen oder Aprikosen sind der kulinarische Botschafter von Aix – auch wenn im Umland ebenfalls Mandelschiffchen hergestellt werden. Aber nur die innerhalb der Stadtgrenzen produzierten dürfen sich „Calisson d'Aix" nennen. Ansonsten fehlt der Zusatz des Stadtnamens auf der Schachtel.

Frankreichs Grand Canyon

Von den Höhen des Allos-Passes am Rand der Seealpen strömt er herab, jener Fluss, dessen Kraft in Millionen von Jahren den Kalkfels des Plateaus von Canjuers bezwungen hat. Tiefe Rinnen sägte der Verdon (von frz. „vert" – grün) dort in das grauweiße Gestein; nach seinem Weg von insgesamt 175 Kilometern vereint er sich bei Manosque auf eher unspektakuläre Weise mit der Durance. Aber hätte man nicht im frühen 20. Jahrhundert begonnen, den Lauf des Bergflusses mit Staudämmen zu hemmen, um Strom zu gewinnen, so wären seine schmalen, tiefen Schluchten wohl kaum so populär geworden. Denn mit dem Bau der Dämme (fünf entstanden zwischen 1929 und 1975) ging das Anlegen von Wegen sowie der Straßen an den Flanken der Uferfelsen einher. Immer mehr Menschen hatten so Zugang zu diesem Gebiet und staunten und staunen über den spektakulären Canyon, dessen Wasser zwischen jade- und türkisfarben changiert. Seine Wände ragen über dem oft kaum fünf Meter breiten Flussband bis zu 700 Meter in den provenzalischen Himmel. Die durch das Aufstauen entstandenen Seen wie der riesige Lac de Ste-Croix erfreuten sich bald als Badeziele großer Beliebtheit.

Erfolgsgekrönter Protest

Möglicherweise war es diese Karriere vom reinen Naturdenkmal zum Touristenmagneten, die im Sommer 2006 das Projekt einer Hochspannungsleitung über die Gorges du Verdon zu Grabe tragen half. Sowohl Anwohner als auch Umweltschützer hatten seit mehr als 20 Jahren immer wieder gegen die von der Staatlichen Elektrizitätsgesellschaft

Die ausgehöhlten Tuffsteinwelten bei Cotignac (oben) und die stürzenden Wasser bei Sillans-la-Cascade (oben rechts) setzen im Osten der Provence landschaftliche, die Zisterzienserabtei Le Thoronet (rechts) markante architektonische Akzente.

Farblich setzen sich die Häuser in Cotignac kaum von den Brauntönen des mächtigen Tuffsteinfelsens ab, der sich hinter dem Dorf erhebt.

EDF geplante 40 000-Volt-Linie protestiert – denn die Schluchten des Verdon sind nicht nur optisch eindrucksvoll, sondern auch die Heimat geschützter Pflanzen und Tiere.

Ritterschicksal

Kurz bevor nun die wilde Schönheit der oberen Flussschluchten beginnt, klammert sich das Dorf Moustiers-Ste-Marie (s. S. 88) an zwei himmelhohe Felsen. Ein goldglänzender Metallstern schwebt an einer Kette zwischen ihnen und genau über der Wallfahrtskapelle Notre-Dame-de-Beauvoir. Ein von den Sarazenen gefangener Kreuzritter, so heißt es, habe der Jungfrau Maria eine Kette versprochen, wenn er seine Freiheit zurückerhalte und in sein Vaterland heimkehren könne.

Wann genau das Ex-Voto aufgehängt wurde, ist nicht bekannt. Aber zwei Mal pro Jahrhundert fiel es seit 1565 herab und wurde erneuert. Die Größe des Sterns variierte dabei zwischen 30 und 180 Zentimetern; das heutige Exemplar misst 125 Zentimeter. Die Kette an sich ist 135 Meter lang und wiegt beachtliche 150 Kilogramm.

Tonkunst – rasch verbreitet

Aber mehr noch als Kette, Kirchlein und Marienwunder trugen Tonwaren den Namen Moustiers' schon früh hinaus in die Welt. Die Umgebung des Ortes bot ideale natürliche Voraussetzungen für das Töpferhandwerk: Tonvorkommen, Wasser und Holz, um die Brennöfen zu beschicken, waren reichlich vorhanden. So ließen sich bereits im 14. Jahrhundert Töpfer in der von Mönchen gegründeten Siedlung nieder. Ein Glaubensbruder aus der italienischen Stadt Faenza, so heißt es, brachte ihnen von dort wenig später eine neue Arbeitstechnik mit: den Überzug der Tonscherben mit einer zinnhaltigen, weißlich deckenden Glasur. So wurden die Töpfer zu „Fayencïers“. Der Erste von ihnen ist Pierre Clérissy, sein Atelier wird bereits 1679 in den Chroniken genannt. Unter Clérissys Einfluss erblühte Moustiers-Ste-Marie zu einem der größten Zentren der Fayenceherstellung in Frankreich. Die Entscheidung Ludwigs XIV., das gesamte Gold- und Silbergeschirr seines Königreichs einschmelzen zu lassen, erwies sich darüber hinaus für die Fayenciers von Moustiers als besonderes Glück. Geschirr aus Ton oder Porzellan war nun absolut gefragt, von heute auf morgen riss man ihnen ihre Stücke fast aus der Hand, die Auftragsbücher waren voll.

Im 19. Jahrhundert indes war es aus mit der Blüte dieses Handwerkszweigs, die letzten Brennöfen erloschen. Erst durch das Engagement des Schriftstellers und Historikers Marcel Joannon (er selbst nannte sich Marcel Provence) lebte die Tradition der Fayenceherstellung in den 1920er-Jahren wieder auf. Marcel Provence zeigte seine Passion für die provenzalische Kultur übrigens in vielfältiger Weise: Er rief unter anderem Theaterbühnen ins Leben (zum Beispiel in Aix, Riez und Sisteron) und begründete die erste Paul-Cézanne-Gesellschaft, nachdem er im Jahr 1921 das Atelier des verstorbenen Künstlers erworben hatte.

Marcel Provence zeigte seine Passion für die provenzalische Kultur in vielfältiger Weise.

Die besten Märkte

Umhüllt von Farben und Düften

Sieben ganz unterschiedliche, sehenswerte Märkte sind hier zusammengestellt. Denn fast an jedem Wochentag wird in einem der vielen Städtchen und Dörfer der Provence ein Markt abgehalten. Bauern bieten ihre frischen Waren an; Trödler arrangieren ihre Schätze – aber auch dem Lavendel und tönernen Krippenfiguren sind spezielle Verkaufstermine gewidmet.

1 Marché de Carpentras

Blumen- und Kräuterstände im Schatten knorriger Platanen, Schalen mit leuchtend roten Erdbeeren im Frühsommer, Körbe voller Oliven, aufgereiht am Saum nobler Hausfassaden, Berge der sehr farbenfroh gestreiften Fruchtsirup-Bonbons Berlingots, dazu saisonales Obst und Gemüse, frische Kräuter wie Thymian, Basilikum und Rosmarin, aber auch Sommer- wie Wintertrüffel: Das bunte Markttreiben in Carpentras mit seinen heute rund 350 Händlern hat seinen Ursprung bereits im Mittelalter. Auch Kunsthandwerkliches aus der Region lässt sich hier gleich vor Ort erwerben.

Place de l'horloge, Allée des platanes, Rue Raspail, 84200 Carpentras, ganzjährig, jeweils Fr.

2 Marché Brocante, Villeneuve-lez-Avignon

Echte Schnäppchen lassen sich kaum mehr machen auf den Antikmärkten der Provence. Aber vielleicht findet sich noch vor dem Besuch im Papstpalast in Avignon bei den Trödlern auf dem lang gestreckten Areal am anderen Ufer der Rhône zu halbwegs erschwinglichen Preisen ein hübsches altes Glas, ein Tablett mit schmuckvollen Intarsien oder auch ein alter Korb als Souvenir. Man kann hier in aller Ruhe die Blicke über die Vitrinen und gut bestückten Holztische schweifen lassen, entdeckt vielleicht gut erhaltene große Porzellankannen oder auch altmodische Schalen und Schüsseln aus weißem, bemaltem Porzellan – ein großartiger Platz in Frankreichs Süden, um auf Entdeckungstour zu gehen.

Place Charles David, 30400 Villeneuve-lez-Avignon, Sa. 8.00–14.00 Uhr

3 Marché des Halles, Avignon

Wenn es draußen schon etwas ungemütlich wird, aber die Bauern des Vaucluse nach wie vor ernten, freuen sich Auge und Gaumen über Les Halles, den großen überdachten Markt von Avignon. Inmitten all der regionalen Produkte und provenzalischen Spezialitäten findet zudem jeden Samstag um 11 Uhr ein Kochkurs statt. Wechselnde Chefcuisiniers aus der Region verraten Hobbyköchen dann in der Showküche La Petite Cuisine ihre Rezepte und Tricks.

Place Pie, 84000 Avignon, Di.–Fr. 6.00–13.30, Sa. 6.00 bis 14.00 Uhr

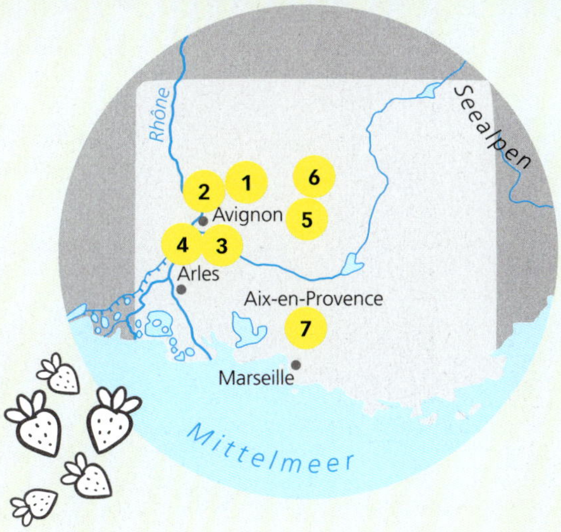

4 Foire de St-Michel, Tarascon

Ein Bauern- und Handwerkermarkt, wie er im Buche steht. Lämmer blöken in ihren Herden um die Wette, es gibt Pferde und Esel– das alles findet nahe der Porte d'Espagne statt. Lokal ansässige Produzenten, komplettieren die Riege aus Messerschmieden, Imkern, Käseherstellern und vielen anderen Handwerkern. Natürlich gibt es Kostproben von Spezialitäten – zu denen auch die Kartoffel zählt.

Altstadt von Tarascon, Ende Sept., genaue Termine über das Office de Tourisme, www.tarascon.fr

5 Marché Paysan de Petit-Palais

Lammfleisch und köstlicher Ziegenkäse, Bio-Honig und Bauernhof-Eier, Pflanzen für den Garten und feste Rollen aus Kichererbsenmehl *(panisse)* zum Frittieren – auf dem kleinen Areal gegenüber der Gemeindeschule präsentieren die Bauern der nahen Umgebung an etwa 20 schlichten Ständen ihre Erzeugnisse, die je nach Jahreszeit wechseln. Von ein paar Kaffeehaustischchen aus lässt sich das Treiben in Ruhe betrachten.

Place Bertin Silvestre, Petit-Palais (bei 84800 Isle-sur-la-Sorgue), 30. März bis 28. Dez., Fr.vormittag

6 Marché de la Lavande, Sault

Fest- und Markttag zugleich ist dieses Sommerereignis in Sault. Provenzalische Trachten, historische Kutschen und Fahrräder sowie zünftige Bauernkost an langen Tischen rahmen den Verkauf der Lavendel- und Farmprodukte. Zudem wird ein Lavendelschneidewettbewerb ausgetragen, es gibt ein Handwerkerdorf, ein Reiterspektakel und Musikdarbietungen.

Hippodrome du Défends, Route de St-Trinity, 84390 Sault, 15. August

7 Foire des Santons, Aix

Jean-Baptiste Fouque und sein Sohn Paul waren um 1930 die Ersten. Nach und nach gesellten sich dann immer mehr Santoniers an ihre Seite und boten während des Festes Ste-Barbe in Marseille ihre tönernen Krippenfiguren an. So lässt sich heute jeweils in der Vorweihnachtszeit nicht nur in Marseille eine Fülle neuer Varianten dieser typisch provenzalischen „santons" bewundern, sondern auch etwa auf dem Markt in in Aix-en-Provence. Sie repräsentieren den Alltag der Region, stellen diverse Gruppen aus der Bevölkerung dar, Frauen und Männer, Bauern wie Handwerker. Die Gestaltung umfasst auch Handwerksgeräte, die für den jeweils Dargestellten typisch sind. Einige Vertreter sind im Dezember ebenfalls Bestandteil einer großen Krippe, die auf dem Cours Mirabeau in Aix-en-Provence aufgebaut wird.

Ave. Napoléon Bonaparte, 13100 Aix-en-Provence, 20. Nov. bis 25. Dez.

Maßstab 1:310.000
0
3
6km
Colorado de Rustrel
Parc
Naturel
du Luberon
Luberon
Mourre Nègre
Parc
Naturel
Régional
du
Verdon
Grand Canyon du Verdon
Basses Gorges du Verdon
Grand Plan de Canjuers
Montagne de Barjaude
Montagne Ste Victoire
Mont Aurélien
B. de Mont Major
B. de Bessillon
Gros Bessillon
Grand Blé
Séouve Sommet
Route de la Lavande
Route Napoléon
Forêt de Peyrolles
Lac de Ste Croix
Corniche Sublime
Point Sublime
Canyon de l'Artuby
AIX-EN-PROVENCE
Manosque
Pertuis
Riez
Valensole
Moustiers-Ste Marie
Gréoux-les-Bains
Vinon-sur-Verdon
Rians
Barjols
Aups
Salernes
Cotignac
Carcès
Lorgues
Tourtour
St-Maximin-la-Ste-Baume
Trets
Gardanne
Brignoles
Vauvenargues
Mirabeau
Céreste
Ansouis
Cucuron
Oppedette
Oraison
Forcalquier
Quinson
Montmeyan
Varages
Tavernes
Bauduen
Aiguines
Régusse
Moissac-Bellevue
Artignosc-sur-Verdon
Esparron-de-Verdon
Allemagne-en-Provence
St Martin-de-Brômes
Puimoisson
Roumoules
Montagnac
Ste Croix-de-Verdon
Les Salles-sur-Verdon
La Palud-sur-Verdon
St Paul-lès-Durance
Jouques
Peyrolles-en-Provence
Meyrargues
Venelles
Pourrières
Pourcieux
Ollières
Seillons-Source-d'Argens
Châteauvert
Correns
Montfort-sur-Argens
Entrecasteaux
Villecroze
Sillans-la-Cascade
Fox-Amphoux
La Verdière
Ginasservis
St Julien
Rousset
Fuveau
Châteauneuf-le-Rouge
Beaurecueil
Le Tholonet
Puyloubier
Chiran
Col des Leques
Montagne de Lure
1
2
3
4

Aristokratisch mit jungem Flair

Die Bergkette Ste-Victoire bildet eine würdige Kulisse für Aix-en-Provence mit seinen klassischen Stadtpalästen, Brunnen und Straßen. Künstler wie Kunsthandwerker hinterließen deutliche Spuren im Land. Die Natur beschenkte die östliche Provence mit den großartigen Gorges du Verdon.

1 Aix-en-Provence

Die historische Hauptstadt der Provence besticht durch Lebensart und Kulturvielfalt. Fast ein Viertel der rund 140 000 Bewohner von **Aix** **TOPZIEL** sind Studenten.

ALLGEMEIN

Unter dem Namen Aquae Sextiae Saluviorum als erste römische Siedlung auf gallischem Boden gegründet, wurde Aix bald Bischofs- und Grafensitz. 1501 schuf König Ludwig II. hier das Parlament der Provence. Bis ins späte 18. Jh. währte die politische Spitzenstellung von Aix, dann stieg Marseille zum Zentrum auf. Hochschule und Hightech-Ansiedlungen sowie die Sanierung der Altstadt brachten der bis heute ein wenig italienisch wirkenden Stadt inzwischen den einstigen Glanz zurück.

SEHENSWERT

Die 1649 angelegte Prachtmeile **Cours Mirabeau** zählt zu den beliebtesten Punkten von Aix. Südlich der Flanierstraße liegt das vornehme **Mazarin-Viertel**. Nördlich des Cours Mirabeau erstreckt sich die Altstadt mit oft leicht ansteigenden Gassen und brunnenbestandenen Plätzen. Anlaufpunkt ist die **Place de l'hôtel de ville** (Rathausplatz). Beim **Rathaus** (1655–1670) spürt man den mediterranen Einfluss, auch im Innenhof. Der Uhrturm ist der ehemalige Wachturm der Stadt mit astronomischer Uhr und skulpturalen Darstellungen der vier Jahreszeiten darunter. Auf der Südseite des Rathausplatzes erhebt sich die ehemalige **Halle aux grains** (18. Jh.) mit einer allegorischen Darstellung von Durance und Rhône als Giebelrelief. Hinter der Getreidehalle gelangt man zur **Place Richelme**, wo jeden Morgen der Obst- und Gemüsemarkt stattfindet. Die **Kathedrale St-Sauveur** (1285–1350) nördlich des Rathauses hat einen Campanile.

Idyllisch der Platz mit dem Brunnen in Aix-en-Provence, verlockend der Laden.

Tipp

Cézanne entdecken

Metallplaketten im Straßenpflaster führen in Aix zum Geburtshaus Paul Cézannes, zu seinen Lieblingscafés und bis zum Friedhof St-Pierre, wo er begraben ist. Die Touristeninformation hält eine Begleitbroschüre zu dem Parcours vor (auch auf Dt. erhältlich). Fünf Wege ermöglichen es überdies, vor den Toren von Aix die Landschaften des Malers zu entdecken. 15 Wegweisersäulen führen zu den wichtigsten Motiven/Schaffensstätten, so zum Steinbruch Bibémus (nur über OT) und zum Atelier des Lauves (www.atelier-cezanne.com, mit Reservierung vorab).

MUSEEN

2015 eröffnete in einem restaurierten Palais des 18. Jh. das **Caumont centre d'Art** als Hort hochkarätiger Ausstellungen, mit einem Kinosaal, in dem eine Dokufiction über Cézanne zu sehen ist (3, Rue Joseph Cabassol, www.caumont-centredart.com, tgl. 10.00 bis 18.00/19.00, Di. bis 21.00 Uhr). Das **Musée Granet** birgt Werke von Cézanne, Giacometti, Granet und Ingres sowie europäische Kunst des 16.–18. Jh. (Place St. Jean-de-Malte, www.museegranet-aixenprovence.fr, Di.–So. 10.00 bis 19.00, Okt.–März 12.00–18.00 Uhr). Auf dem Hügel des Cézanne'schen Elternbesitzes Jas de Bouffan etwa 2,5 km westl. der Stadtmitte hat die **Fondation Vasarély** ihren Sitz. Das Gebäude mit Monumentalwerken des ungarischen Op-Art-Künstlers wirkt selbst wie ein Kunstwerk (1, Ave. Marcel Pagnol, www.fondationvasarely.fr, tgl. außer Mo. 10.00–13.00, 14.00–18.00 Uhr).

AKTIVITÄTEN

Im Juli bietet das Palais an der Place de l'Archevêché **Internationalen Opern- und Musikfestspielen** (www.festival-aix.com) Platz.

HOTELS

In einem großen Park 6 km vor den Toren der Stadt wurden 2013 in einem Anwesen aus dem

18. Jh. **€ € € Les Lodges Sainte Victoires** eröffnet, mit 35 luxuriösen Zimmern, Lodges, Spa, Gourmetrestaurant – und Bergblick (Route Cézanne, Le Tholonet, www.leslodgessainte victoire.com). Das 40-Zimmer-Haus **€ € Le Manoir** bietet 3-Sterne-Komfort in der Altstadt (8, Rue d'Entrecasteaux, www.hotelmanoir.com).

RESTAURANTS

Typisch ist die laute, große Marktplatz-Brasserie **€ – € € € Le Verdun** (20 place de Verdun, Tel. 04 42 27 03 24) mit guter Mittagskarte. Unten Käsegeschäft, eine Etage höher Bistro mit kleiner Außenterrasse: **€ € La Fromagerie du Passage** (Cours Mirabeau 55, Passage Agard, Tel. 04 42 22 90 00, www.lafromageriedu passage.fr) lockt mittags z. B. mit gegrilltem Seebarsch, abends gibt es u. a. Tapas.

UMGEBUNG

Etwa 7 km südwestlich entstand auf dem Areal eines ehemaligen Internierungslagers (u. a. Max Ernst war hier gefangen) die Gedenkstätte **Camps des Milles** (www.campdesmilles.org). Östlich von Aix erhebt sich die **Montagne Ste-Victoire.** Nicht weit (37 km) ist es auch zum **Massif de la Ste-Baume,** wo der Legende nach Maria Magdalena nach ihrer Vertreibung in einer Grotte (prvz. „baoume") gelebt haben soll. Das Städtchen **St-Maximin-la-Ste-Baume** (44 km östl.) ist zu einer Wallfahrtsstätte für die Höhlenheilige geworden; die Dominikanerkirche Ste-Madeleine (ab Ende 13. Jh.) gilt als der bedeutendste gotische Bau der Provence. Für Wein-, Architektur- und Kunstfans lohnt der Ausflug zum Château La Coste (www.chateau-la-coste.com) in **Le Puy-Ste-Réparade** (20 km nördl.)

INFORMATION

Office de Tourisme, 300, Ave. Giuseppe Verdi, 13605 Aix-en-Provence, Tel. 04 42 16 11 61, www.aixenprovencetourism.com

Tipp

Feinste Tonware

Schon unter den Römern wurde in der Provence Tongeschirr hergestellt. Das feinste, die Fayence, entwickelte sich im 16. Jh. vor allem in der Region um Moustiers-Ste-Marie. Im Gegensatz zur Keramik und zum grauen Steingut werden Fayencen aus den feinsten Tonsorten in Verbindung mit Mineralien gemacht. Die Masse wird in Hohlformen gegossen, getrocknet, gebrannt, ins Emaillebad getaucht und von Hand bemalt. Die charakteristischsten Motive sind neben Vogel- und Blütenarrangements seit dem 18. Jh. sogenannte Grotesken: fantastische Ungeheuer, musizierende Esel und Affen etc. In Moustiers sind heute ca. ein Dutzend Kunsttöpfer tätig.

Atelier St-Michel, Avenue de Lerins, www.faience-moustiers.fr und das Atelier du Soleil, Chemin de Quinson, www.ateliersoleil.fr

Gréoux-les-Bains, das sich sein Erscheinungsbild seit Langem bewahrt, ist in ein Meer aus roten Blüten getaucht.

2 Gréoux-les-Bains

Zu Füßen einer mächtigen Tempelritterburg drängt sich das Bäderstädtchen. Sein Thermalwasser dringt aus mehr als 1500 m Tiefe.

SEHENSWERT

Ein doppelter **Mauergürtel** beschützte im Mittelalter den von Pinienhügeln umgebenen Ort, der noch ringförmige Gassen zeigt. Die **Thermalbäder** aus einem besonderen Kalkstein (Rogne) wurden in antikisierender Architektur an der Stelle der troglodytischen Quellbassins errichtet. In den Ruinen der im frühen Mittelalter errichteten **Tempelritterburg** finden Freilichtaufführungenund Ausstellungen statt.

AKTIVITÄTEN

Gréoux eignet sich bestens als Ausgangspunkt für **Wanderungen, Biketouren** und **Ausritte** auf dem sich nördlich anschließenden Plateau de Valensole und für **Bad und Bootsfahrten** in den unteren Schluchten des Verdon und des dort aufgestauten Esparron-Sees.

UMGEBUNG

Von Kornfeldern und Mandelhainen umgeben ist **Valensole** (28 km nördl.). Ellipsenförmig hat Stararchitekt Sir Norman Foster Europas größtes Museum für Vorgeschichte in dem Weiler **Quinson** (25 km südl.) konzipiert, das Musée du Préhistoire des Gorges du Verdon. Im Innern wird die Natur- und Siedlungsgeschichte der Schluchtenregion thematisiert (Route de Montmeyan, www.museeprehis toire.com, tgl. außer Di. ab 10.00 Uhr).

INFORMATION

Office de Tourisme de Gréoux-les-Bains 7, Place de l'Hôtel de Ville, 04800 Gréoux-les-Bains, Tel. 04 92 78 01 08, www.greoux-les-bains.com

3 Moustiers-Ste-Marie

Vor einer steilen Felswand staffeln sich die hellen Ziegeldachhäuser von Moustiers übereinander. Seinen Namen verdankt der Ort den Mönchen, die 434 an dieser Stelle ein Kloster (lat. monasterium) gründeten. Sie lebten zunächst in Felsgrotten. Nachdem sie von den Sarazenen vertrieben worden waren, nahmen die Bewohner der Umgebung die Mönchsbehausungen in Besitz. Sie nutzten die Quelle, die von den Höhen floss, und errichteten wassergetriebene Mühlen.

SEHENSWERT/MUSEUM

Von der einzigen Autostraße, die den Ort durchzieht, zweigen gepflasterte Wege und Treppensteige ab, die links und rechts des Adou-Quellbachs in **steile Gassen** münden und sich zu lauschigen Plätzen öffnen; fast alle gesäumt von Fayence- und Kunsthandwerksgeschäften, Restaurants und kleinen Hotels. Über allem thront die **Chapelle Notre-Dame-de-Beauvoir** (ab 14. Jh.), eine Wallfahrtskirche auf einem natürlichen Plateau. Wertvolle historische Tonwaren birgt das **Musée de la faïence** neben dem Rathaus (April–Juni, Sept., Okt. Mi.–Mo., Juli/August tgl. ab 10.00 Uhr, Di. und Jan.–15. März geschl.).

VERANSTALTUNG

Jährlich am 8. September (Mariä Geburt) feiert Moustiers sein **Dorffest** mit einer Prozession zur Kapelle; es endet mit einem Fackelzug.

HOTEL
Luxuriös ist € € € **La Bastide de Moustiers** (Chemin de Quinson, Tel. 04 92 70 47 47, www.bastide-moustiers.com).

UMGEBUNG
Auf mehr als 20 m² erstreckt sich südwestlich von Moustiers der **Lac de Ste-Croix.** In Dörfern wie **Riez** (14 km südwestl.) haben sich u. a. gallo-romanische Relikte erhalten.

INFORMATION
Office de Tourisme, Place de l'Église, 04360 Moustiers-Ste-Marie, Tel. 04 92 74 67 84, www.moustiers.eu

4 Gorges du Verdon

Der fantastischste Abschnitt des von Dörfern in spektakulärer Lage gesäumten Flusslaufs liegt zwischen Castellane und Moustiers.

SEHENSWERT
Auto- und Motorradfahrer können die Canyons auf zwei **Panorama-Straßen** durch die **Gorges** TOPZIEL entdecken: die eine verläuft hoch oben in den Felsen des rechten Ufers (D 952). Besonders eindrucksvoll ist das Teilstück zwischen dem Point Sublime – also am Beginn des Großen Canyons – und La Palud, wo die **Route des Crêtes** von der D 952 abzweigt. Die Strecke ist meist nicht als Rundkurs, sondern aus jeder Richtung nur bis zur Hälfte, d. h. zum Chalet de la Maline befahrbar! Die andere Straße, nach Norden gerichtet (D 71, D 90 und D 995), wird wegen ihrer wunderbaren Aussichtspunkte **Route de la Corniche sublime** genannt. Ihr Herzstück beginnt bei Aiguines nahe des Col d'Illoire und führt bis kurz hinter die Balcons de la Mescla.

AKTIVITÄTEN
Unter vielen **Wanderwegen** durch die Schluchten ist der bekannteste der Sentier Martel (rechtes Ufer ab/bis Artuby-Zufluss, ca. 6 Std., mit Leitern und Stollen), interessant auch der Sentier de l'Imbut (ab/bis Chalet de la Maline, wechselnd tief unten im Flussbett) und der Sentier du Bastidon (parallel zur Route des Gorges, rechtes Ufer ab/bis Mayreste). Die Gorges du Verdon eignen sich für **Wassersportler, Freeclimber, Bergsteiger.**

UMGEBUNG
Südlich der Gorges, in Richtung Autobahn A 8, liegen im Abstand nur weniger Kilometer **Sillans-la-Cascade** (ca. 35 km) mit seinem Wasserfall und das Weindorf **Cotignac** zu Füßen eines mächtigen Tuffsteinfelsens. Ein Schlenker nach Osten führt zur **Abbaye du Thoronet** (20 km; 12. Jh.), einem Zisterzienserkloster mit entsprechenden Bauformen (http://thoronet.monuments-nationaux.fr, April–Sept. 10.00–18.30, Okt.–März 10.00–13.00, 14.00 bis 17.00 Uhr; So. mittags geschl.).

INFORMATION
siehe Moustiers-Ste-Marie

Genießen Erleben Erfahren

DuMont Aktiv

Im wilden Wasser durch die Schlucht

Sanft hinter dem See, heftiger werdend ab der mittleren Partie, laden die Gorges du Verdon zu Boots- und Kajakausflügen ein, aber auch zu spektakulären Raftingtouren im Schlauchboot. Ein erfrischendes Vergnügen, egal ob zu zweit oder in der Gruppe – allerdings nur für Schwimmkundige.

Tretboot oder Kanu? Besser ein Kajak für jeden. Und dann erste Paddelschläge am Lac de Ste-Croix. Bald steigen rechts und links steile Felswände empor – überzogen von einer üppigen Vegetation. Paddel eintauchen, gleiten, staunen. Aber bloß nicht das Paddeln vergessen. Denn es ist viel los an diesem Sommertag in den Gorges. In der Nebensaison hätte man kommen sollen – und möglichst unter der Woche! Egal. Der Ausflug auf dem Wasser hält auch in Gesellschaft vieler Sonntagsausflügler unvergessliche Eindrücke bereit. Immer wieder macht der Verdon überraschende Kehren.

Schwierige Stellen oder Stromschnellen gibt es auf den ersten drei Kilometern nicht; der Stausee wirkt hier zügelnd auf den Fluss ein. Erst im mittleren Teil wogt es kräftiger, und hier stürzen im Frühjahr auch die Wasserfälle zu Tal. Aber wir kehren lieber um und sparen uns die weitere Erkundung der Gorges auf: dann mit Guide und eventuell in der Gruppe – vielleicht beim Aqua Rando, einer Art Schwimm-Rafting mit speziellen Westen.

Anbieter und Planung

An den Stränden von Pont du Galetas: Tretboot ca. 15 Euro/Std. (4 Pers.), Kanu 11 Euro/Std. (3 P.), Kajak 7 Euro/Std.

Canoe Verdun: begleitete 5-Std.-Tour im Kajak (familiengeeignet), wahlweise 10.00–15.00 oder 17.00–22.00 Uhr, 25 Euro, Tel. 04 94 67 43 92, www.canoe-verdon.com

Aboard Rafting: Stunden- bzw. Tagestrips in der Schlucht, 35–75 Euro, Tel. 04 92 83 76 11, www.rafting-verdon.com

Im stillen Herzen der Provence

Einsame Hochplateaus, üppig bewaldet oder von karger Schönheit; mittelalterliche Städtchen und Festungsdörfer, Klöster mit herrlichen Gärten – die stillen Landschaften der Haute-Provence und der Südalpen beeindrucken durch ihre Authentizität. Napoleon marschierte im Triumph durch sie, Literaten ließen sich von ihnen inspirieren.

Mit dicken Tupfen durchzieht der leuchtend rote Klatschmohn die Landschaft.

Vor dem steil aufragenden Baume-Felsen ducken sich die Häuser von Sisteron, eindrucksvoll gespiegelt in der Durance.

Vielfalt charakterisiert die Haute-Provence: Festungsdörfer wie Mane (oben) sind hier zu entdecken und auch weite Landschaften wie bei Gap.

Wie eine fruchtbare Verbindungsachse zieht sich das Tal der Durance von den Alpen der Hochprovence in Richtung Mittelmeer. In den Bergfalten und auf den Hügeln zu beiden Seiten des Flusses kleben sonnengebleichte Dörfer; geschichtsträchtige Städtchen liegen am Ufer. Sisteron ist eines von ihnen; Manosque schmiegt sich schon fast an den Luberon. Digne-les-Bains und Gap haben Frankreichs kleinem großen Feldherrn auf seinem Weg von Elba nach Grenoble gehuldigt, und in der Nähe von Forcalquier macht der Weiler Banon seit geraumer Zeit nicht allein durch seine Käseproduktion von sich reden.

Grün – wild oder kultiviert

Mit ihren Mikroklimata und den unterschiedlichen Landschaftszonen ist die Provence das einzige Gebiet Europas, in dem alle Vegetationstypen vertreten sind. Von Olivenbäumen und Zitrusfrüchten bis hin zu wohlriechenden Kräutern und Alpenblumen wächst hier fast alles. Kein Wunder, dass nicht nur Nutzpflanzen kultiviert werden, sondern schon früh auch reichlich Ziergärten und Parks entstanden. Heute liegen die von Menschenhand gestalteten Anlagen oft in weitläufigen Nationalparks. Das gilt auch für die Hochprovence und den südlichen Teil der provenzalischen Alpen. Unmittelbar vor den Toren von Gap beginnt der Parc national des Écrins, Frankreichs zweitgrößter Nationalpark. Sein Infozentrum residiert, ebenso wie das Conservatoire botanique national alpin – eine Institution zur Erkundung alpiner Vegetation –, auf dem von Buchen umstandenen Gelände der Domaine de Charance, einem einstigen bischöflichen Lustschloss. Geistliche Herren legten auch die ersten Beete des botanischen Franziskanergartens von Digne-les-Bains an. Ein weiteres Stück regionaler Pflanzengeschichte birgt das auf einem alten gallo-römischen landwirtschaftlichen Anbaugebiet liegende Kloster von Salagon bei Forcalquier. Zu dem in den Mauern eingerichteten Konservatorium

Feine provenzalische Romanik zeichnet das Portal der Abtei von Ganagobie (ganz oben) aus, wohingegen sich Notre-Dame von Forcalquier (oben) eher trutzig gibt. Beschaulich zeigen sich die Gassen von Forcalquier (oben rechts), in dem sich auch ein Plätzchen für das beliebte Boulespiel findet.

Welche Funktion die Rotunde in Simiane-la-Rotonde einst besaß, ist bis heute nicht geklärt.

„Wohin ich auch blickte, überall sah ich kontrastierende Primärfarben. (…) Die Dächer der Häuser waren orange vor einem reinblauen Himmel. Grüne Wiesen waren getüpfelt mit rotem Mohn …"

Alain de Botton, Kunst des Reisens

der Hochprovence zählen vier Gärten, die sich der Neuentdeckung vergessenen Wissens um Wirkungen und Eigenschaften von Kräutern widmen: der mittelalterliche Garten, der Garten der Heilkräuter, der Garten der Düfte und der Garten der Moderne. Vor allem Gemüse- und Obstkostbarkeiten der Vergangenheit verhilft La Thomassine bei Manosque zu neuer Wertschätzung.

In der Literatur bewahrt

Seine Werke tragen Titel wie „Der Berg der Stummen" und verklären das einfache Leben der Bauern und Hirten. Fast alles, was Jean Giono geschrieben hat, ist eine Suche nach den Resten Arkadiens – in der Kulisse seiner Heimat, zwischen Sault, Sisteron und Manosque. In Manosque wird der spätere „Vergil der Provence" 1895 als Sohn eines Schusters und einer Büglerin in Armut geboren, 1970 stirbt er dort als Besitzer eines eigenen Hauses (Lou Paraïs) und geachtetes Mitglied der Académie Goncourt. Bevor er von der Schriftstellerei leben kann, muss sich Giono – der übrigens nicht nur die fortschreitende Zivilisation in „seiner" Provence geißelt, sondern auch das Tragen von Sonnenbrillen gegen ihr charakteristisches Licht kritisiert – in einer Bank verdingen. Einen ähnlichen Werdegang hatte auch Pierre Magnan (1922–2012). Giono brachte dem Bauernsohn, der wie er selbst aus Manosque stammte, die klassische Musik nahe und ermunterte ihn zum Schreiben. Magnan hatte mit zwölf die Schule verlassen, um als Schriftsetzer zu arbeiten. Vom Literaturbetrieb blieben seine Romane zunächst unbeachtet, bis er sich im Alter von 54 Jahren an einen Kriminalroman machte, „Le sang des Atrides". Dies war der Anfang einer neuen Karriere. In einem autobiografischen Essay schreibt er: „Er ist apolitisch, asozial, gallig, agnostisch und, wenn man es zu schreiben wagt, aphilosophisch …" Manchmal saß er indes ganz fröhlich auf der Terrasse eines Cafés auf dem Marktplatz in Forcalquier.

Hymnen aus Gestein

Nicht nur die Natur zeigt sich in der Hochprovence als fantasievoller Baumeister. Schon früh hinterließen die Menschen in ihr deutliche Spuren mit den von ihrer Hand geschaffenen Architekturen. Verstreut liegen ihre Dörfer, Städtchen und weltabgeschiedenen Klöster in dem charakteristischen Tableau aus sanften Hügeln und kargen Hochplateaus, tiefen Flusstälern und schroffen Felsformationen. Manche dieser Siedlungen fesseln den Blick wie ein Ausrufezeichen, so etwa Simiane-la-

Digne-les-Bains sorgt mit seinem Thermalwasser für Wellness in moderner Form.

Kaskaden in moosiger Landschaft übernehmen den natürlichen Part in Dignes Musée-Promenade, wo Installationen zum Künstlerischen beitragen.

Bereits seit der Antike sprudeln Thermalquellen auch in den Hügellandschaften östlich der Durance.

Ausgiebiges Shoppingvergnügen ermöglicht Manosque.

Urige Gassen führen durch die Altstadt von Manosque, der größten Stadt des Departements.

Kraxler auf dem Circuit géologique bei Digne

Special

Besondere Buchhandlung

Blaue Bücher-Blüte

Eine blaue Kornblume macht dem würzigen Ziegenkäse Konkurrenz, der – umhüllt von Kastanienblättern – rund um das Dorf Banon in der Hochprovence hergestellt wird. Denn inzwischen ist der kleine Rundling nicht mehr der einzige Botschafter, der den Namen des Dorfes Banon über die Grenzen der Provence hinausträgt. Unter dem Zeichen der Kornblume eröffnete Joël Gattefossé 1990 seine Buchhandlung in dem hübschen Haus einer ehemaligen Schreibwarenhandlung. Neben Geschenkpapier, Postkarten und Notizblöcken hatte der aus der Nähe von Paris zugewanderte Tischler auch 77 Bücher an seiner neuen Wirkungsstätte vorgefunden. Heute umfasst das Sortiment von „Le Bleuet" mehr als 350 000 Titel – und Anfragen kommen sogar aus Australien. Sehr skeptisch hätten ihn die Einheimischen zu Beginn beäugt, erzählt Gattefossé. Seine Buchhandlung aber ist

Banon, bekannt auch für seinen Käse

weltweit bekannt, ein wahrer Anziehungspunkt in dem Ort, und inzwischen sind alle hier stolz auf den Autodidakten. Seit 2014 hält er in einem Neubau mit begrüntem Dach rund eine Million Bücher vorrätig. Und schon seit Langem ist es dem passionierten Bücherfreund gelungen, die Crème de la Crème der französischen Literaten und Kulturschaffenden zum jährlichen Käsefest am 21. Mai in Banon zu versammeln.

Rotonde. Es trägt seine Besonderheit schon im Namen: einen mächtigen Rundturm, ursprünglich wohl als Kapelle konzipiert für das benachbarte Schloss der Herren von Siemienne. Unter der hohen inneren Kuppel des (ursprünglich sechseckigen) Bauwerks erklingen inzwischen jeden Sommer die Konzerte eines Klassikfestivals.

Heilendes Wasser

Bereits seit der Antike sprudeln Thermalquellen auch in den Hügellandschaften östlich der Durance. Plinius der Ältere berichtet als Erster von ihnen; im 17. Jahrhundert sind sie Gegenstand wissenschaftlicher Untersuchungen. Der in Digne (und später in Marseille) wirkende Arzt Sébastien Richard verfasst 1619 schwärmerisch ein Dokument über die gallo-romanischen Thermen von „Dinia", die von den tief im Fels entspringenden Wässern des Vallon des Eaux-Chaudes gespeist werden. Zu den „Neubauten" der 1920er- und 1930er-Jahre gesellen sich in dem Kurstädtchen inzwischen modernste Gesundheits- und Wellnesseinrichtungen. Die Quellen von Digne sind besonders wirkungsvoll bei Rheuma und Gelenkerkrankungen. Ihre Wohltat für die Atemwege wird durch das reine und heilsame Klima der Hochprovence um ein Vielfaches verstärkt.

LAVENDEL

Blauviolette Felder

Vom Duft des Lavendels ist die Luft im Hochsommer mancherorts in der Provence erfüllt. Fünf touristische Lavendelstraßen, an denen kleinere und größere Destillerien liegen, durchziehen die Region.

Für die Herstellung der beliebten Trockensträuße wird der Lavendel Ende Juni/Anfang Juli per Hand geerntet.

Mit ihrem blauvioletten Leuchten gelten die weiten Lavendelfelder als das Symbol der Provence. Wie gleichförmige Wellen scheinen sie sich über dem Land auszubreiten. Doch halt: Fast alles, was das Auge (und bei Blüte und Ernte auch die Nase) zwischen Rhônetal und den Ausläufern der Alpes-de-Haute-Provence betört, ist nicht der „echte" Lavendel, sondern Lavandin, ein Hybrid mit deutlich höherem Kampfergehalt.

Echter Lavendel (botanisch „lavendula angustifolia" oder „vera") macht mit rund 4000 Hektar Fläche nur knapp ein Fünftel der gesamten provenzalischen Pflanzungen aus. Die Kultivierung der fein duftenden Pflanze begann erst Anfang des 20. Jahrhunderts. Lavandin-Kulturen kamen dann Ende der 1920er-Jahre auf. Letzterer, botanisch „lavendula latifolia", ist eine Kreuzung aus echtem Lavendel und dem ebenfalls zur Lavendelfamilie zählenden, deutlich größeren Speik.

Wirtschaftliches Interesse

Man findet das Duft- und Heilkraut, wo karge Hügel die fruchtbaren Ebenen ablösen: auf dem Plateau von Valensole, an den Hängen des Mont Ventoux und der Montagne de Lure. Tatsächlich schafft es dort einen prächtigen Ausgleich – landschaftlich wie wirtschaftlich. Das war aber nicht immer so. Einst schnitten die Hirten- und Bauernfamilien der Provence nur den wilden Lavendel der Berge. Erst mit der Blüte der Parfumindustrie in Grasse änderte sich dies. Die Nachfrage an der blauen Duftpflanze stieg kräftig an. Als die wilden Felder nicht mehr ausreichten, organisierten sich die Bauern und legten erste Lavendelkulturen an.

Von der Blüte zur Ernte

Zehn Jahre etwa „lebt" ein Lavendelfeld. Seine erste Blüte erfolgt im zweiten Jahr, die höchsten Erträge sind zwischen dem vierten und dem sechsten Jahr zu verzeichnen. Gepflanzt werden die jungen Lavendel- und Lavandin-Schößlinge im Februar/März, ausgesetzt in die Kulturen ab April. Nach der Blüte Ende Juni/Anfang Juli wird rasch geerntet, zunächst per Hand (ein guter Schnitter schneidet

Anders als der vielfach angebaute Lavandin wächst der echte Lavendel in der Regel auf einer Höhe zwischen 600 und 800 Metern.

Beim Kauf vor Ort erschließt sich die ganze Vielfalt des Lavendels: Er dient als Medizin, ist Bestandteil von Seifen und Parfums und gibt Gerichten, in vorsichtiger Dosierung, ein spezielles Aroma.

bis zu hundert Kilogramm pro Tag), dann mechanisch für die Destillation im Kupferkessel. Bei dieser traditionellen Methode löst Wasserdampf die ätherischen Öle der Pflanze. Ein Hektar echter Lavendel ergibt zwischen 15 und 20 Kilogramm Essenz; beim Lavandin liegen die Erträge hingegen um ein Vielfaches höher (60–150 kg). Um sich vor Billigkonkurrenz zu schützen, wurde im Jahr 1981 für echtes provenzalisches Lavendelöl das vom Wein bekannte A.O.C.-Gütesiegel (Appellation d'origine controlée) eingeführt.

Ingesamt rund 2000 Lavendelproduzenten verzeichnet die Berufsgenossenschaft für französische Öl-Essenzen (C.I.H.E.F.); die Region Vaucluse und im Besonderen das Plateau de Sault produzieren 40 Prozent des Aufkommens an Lavendelessenz in Frankreich.

Geradezu ein Alleskönner

Bereits Plinius erwähnt, dass Lavendel von den Römern als Badezusatz und zum Behandeln der Wäsche verwendet wurde (waschen: lat. „lavare"). Als Heilpflanze kannten ihn bereits die alten Griechen; auch die heilige Hildegard von Bingen empfiehlt ihn als Medizin. Lavendel ist für seine antiseptische und beruhigende Wirkung bekannt. Er hilft u. a. bei Asthma, Husten, Unruhezuständen, Reizmagen oder nervösen Darmbeschwerden. Lavendelbäder erfrischen nicht nur bei niedrigem Blutdruck, sondern helfen auch bei Einschlafstörungen. Parfum wird nur aus dem echten Lavendel gewonnen, und auch zum Aromatisieren von Speisen wird nur dieser eingesetzt. Das qualitativ nicht so hochwertige Öl des Hybrids Lavandin wird hauptsächlich als Duftzusatz verwendet, zum Beispiel für Seifen oder Putzmittel.

Kultivierte Formen

In einem Bauerngehöft in Coustellet zeigt das Musée de la lavande alles Wissenswerte hinsichtlich der Verarbeitung (www.museedelalavande.com), in dem nordöstlich davon gelegenen Städtchen Sault widmet man sich seit Generationen der Lavendelkultur und bietet Kurse zur Parfumherstellung an (www.distillerie-aroma plantes.com). Große Lavendelfeste wie in Valensole, Valréas und Sault orientieren sich an der Blüte beziehungsweise Erntezeit. Oft werden in diesem Rahmen auch alte Schnitttechniken und Destilliermethoden vorgeführt.

Fakten & Informationen

Besichtigung & Führung
An den Routes de la lavande liegen auch kleinere Destillerien, Museen, Gärten und Verkaufspunkte, darunter:

Distillerie bleu Provence
Promenade de la Digue, Nyons,
www.distillerie-bleu-provence.com

La maison des producteurs
Rue de la République, Sault, Tel. 04 90 64 08 98

Distillerie du Siron
Quartier le Gazon, Thoard, www.distilleriesiron-lavande.fr

www.routes-lavande.com

Wie Thymian und Rosmarin zählt Lavendel zur Gattung der Lippenblütler. Der Lavendelstrauch kam schon vor Jahrhunderten von Persien über die Kanaren auf das europäische Festland.

GAP
Serres
Sisteron
Château-Arnoux
Digne-les-Bains
Forcalquier
Manosque
Les Mees
Laragne-Montéglin
Veynes
Tallard
Volonne
Peyruis
Oraison
Valensole
Moustiers-Ste Marie
Séderon
Montagne de Céüse
Montagne de St Genis
Montagne de Chabre
Montagne de Gache
Montagne de Lure
Signal de Lure
Gorges de la Meouge
Route Napoléon
Route des Fruits et Vins
Route de la Lavande
Autoroute du Val de Durance
Route d'Hiver des Alpes
Serre de la Bouisse
Montagne de l'Aup
Crête de la Faye
Crête de Géruen
Plateau de Valensole
Naturel
Sommet de Vaumuse
Sommet du Ruth
Pic d'Oise
Rochers des Mées
A51
Maßstab 1:310.000
0
3
6km

Mediterrane trifft alpine Atmosphäre

Die Quellen von Digne-les-Bains schätzten schon die Römer. Das nahe geologische Reservat bietet hervorragende Wandermöglichkeiten. Gleiches gilt für das Pays dc Forcalquier. Eindrucksvolle Wehrburgen und mittelalterliche Klöster sitzen auf den Höhen dieses Landstrichs.

1 Gap

Umgeben von wilden Berglandschaften, versteckt Gap einen hübschen historischen Kern in der nüchternen Moderne des geschäftigen Zentrums. Die Hauptstadt des Departements Hautes-Alpes eignet sich bestens für Wander- oder Radtouren im Nationalpark Les Écrins.

SEHENSWERT

Trotz einschneidender urbanistischer Maßnahmen Anfang des 19. Jh. lassen sich in der hübsch renovierten **Altstadt,** vor allem rund um die Kathedrale (1867), noch mittelalterliche Strukturen entdecken. Die Häuser in den schmalen Straßen und Gassen hinter dem Gotteshaus gehören zu den ältesten von Gap. Die Römer gründeten Gap 14 v. Chr. als Vapincum und an der Stelle der heutigen Rue Colonel Roux verlief zu jener Zeit die Hauptstraße. In der Rue de France Nr. 17, im Gasthof eines gewissen Herrn Marchand, nächtigte Napoleon am 5. März 1815 bei seiner Rückkehr von Elba. Der Weg, den er nach Paris nahm, ist auch heute als **Route Napoléon** markiert.

MUSEUM

Im Parc de la Pépinière liegt das **Musée muséum départemental** (http://museum.hautes-alpes.fr, Sept.–Juni Mi.–Mo. 14.00 bis 17.00/18.00, Juli/Aug. tgl. auch 10.00–12.00 Uhr) mit den Themen Kunst bis Archäologie.

UMGEBUNG

Pflanzen- und Naturliebhaber fahren gen Norden zur **Domaine de Charance** (ca. 4 km), einer Anlage mit See, Wald, Wasserfällen und Bergpfaden, die sich an den Flanken der gleichnamigen Gebirgskette auf einer Höhe zwischen 1000 und 1852 m erstreckt. Der vom Conservatoire botanique national alpin betreute Garten vor dem Schloss der Domaine zeigt alte Rosen (fast 600 Sorten) und Früchte aus früheren Zeiten, darunter Apfel- und Birnbäume (Mai, Sept., Okt. 14.00–17.00, Juni–Aug. Mo.–Fr. 10.00–19.00, Sa./So. 10.00–12.00 und 14.00–19.00, Rosenkollektion Juni–Aug. tgl. außer Di. 14.15–18 Uhr). Von hier ist auch der **Lac de Serre-Ponçon** (20 km östl.) mit schönen Aussichten erreichbar.

So eindrucksvoll wie anstrengend ist der Weg hinauf zur Zitadelle von Sisteron. Dramatisch wirkt die Landschaft um Gap.

INFORMATION

Office de Tourisme de Gap
1, Place Jean Marcellin, 05000 Gap,
Tel. 04 92 52 56 56, www.gap-tourisme.fr

2 Sisteron

Steil ragen die Felsrippen am Durance-Ufer in den Himmel, zwei mächtige Gletscherriegel. Einer von ihnen trägt die Zitadelle von Sisteron. Unter ihren mächtigen Mauern duckt sich die Altstadt mit den braunroten Ziegeldächern.

ALLGEMEIN

Aufgrund seines reichen architektonischen Erbes und seiner spektakulären Lage gilt **Sisteron TOPZIEL** als die „Perle der Hochprovence". Bereits in der Römerzeit war es unter dem Namen Segustero eine wichtige Station auf der Via Domitia, die Italien mit dem Rhônedelta verband. Im 6. Jh. wurde Sisteron Bischofssitz, im 11. Jh. eine Festung der Grafen von Forcalquier.

SEHENSWERT

Über den Altstadtgassen, die sich unvermittelt zu kleinen Plätzen mit Schatten spendenden Bäumen öffnen, thront die denkmalgeschützte **Zitadelle** (www.citadelledesisteron.fr, April bis Mitte Nov. tgl. 9.00–17.00/17.30, Sommer bis 18.30/19.00 Uhr). Von ihren Terrassen bietet sich ein herrlicher Ausblick. Ein Meisterwerk lombardisch-provenzalischer Kunst des 12. Jh. ist die **Kathedrale Notre-Dame des Pommiers** (Ostern bis Allerheiligen geöffnet). Sehr gut erhalten haben sich Sisterons hohe **Wachtürme** (14. Jh.) südlich der Kathedrale.
Im Stadtviertel La Baume auf dem anderen Durance-Ufer steht das 1248 erbaute Dominikanerkloster, heute eine Konzertstätte.

MUSEUM

In der Kapelle „Des Visitandines" aus dem 17. Jh., westlich der Kathedrale, zeigt das **Musée terre et temps** (Erde und Zeit) ungewöhnliche Exponate zu Mechanismen und Wirkungen der Zeit in Kultur und Natur (Mitte März–Okt. Di.–Sa. 9.00–12.00, 13.30–17.30 Uhr).

UMGEBUNG
Längs des Flüsschens **Jabron** im Südwesten reihen sich auf einer Strecke von knapp 20 km Burgen und Burgruinen. 2 km westlich von Bevons, etwa auf Höhe des Château de Pécoule, zweigt in südlicher Richtung ein Serpentinensträßchen ab und führt die **Montagne de Lure** hinauf bis über 1800 m und zur Kirche Notre-Dame de Lure (um 1165). Etwa 20 km südlich von Sisteron erstaunen am Ostufer der Durance die **Rochers des Mées**, eine bizarre Felsformation, um die sich Sagen ranken.

INFORMATION
Office de Tourisme de Sisteron,
Hotel de Ville (Rathaus), 04200 Sisteron,
Tel. 04 92 61 36 50, www.sisteron-tourisme.fr

Tipp

Themenwege

Dignes **Musée-Promenade** ca. 4 km nördlich des Zentrums besteht aus dem großzügigen Parc St-Benoît mit Themenwegen, die allmählich zu den Ausstellungsgebäuden der Réserve géologique de Haute-Provence führen. In ihr ist die mehr als 300 Mio. Jahre alte Vergangenheit der Region zu entdecken. Kaskaden und Bäche, lauschige Picknickplätze und zeitgenössische künstlerische Installationen vereinen sich in dem Spaziermuseum mit einer großartigen Kollektion von Ammoniten und anderen Fossilien.

10, Montée Bernard Dellacasagrande, www.resgeol04.org

3 Digne-les-Bains

Vor der Silhouette eines grünen Kegelbergs erstreckt sich das historische Kurstädtchen. Bereits die Römer nutzten das Thermalwasser an der Grenze zwischen Alpen und Provence.

SEHENSWERT
Gesundheit und Wellness in modernster Form prägen heute den Alltag von Digne-les-Bains, das aufgrund seiner Höhenlage (650 m) und der nahen Route de la lavande (s. S. 108) klare Luft und Pflanzenduft als weitere Heilmittel anbieten kann. Geteilt in eine **Unterstadt** (cité) um die neogotische Kathedrale St-Jérome und das ursprünglich befestigte **Bourg**, überrascht der mittelalterliche Bischofssitz mit von Platanen beschatteten **Boulevards**. Ein sehr schönes Beispiel romanischer Baukunst (mit gotischen Details) ist die **Kathedrale Notre-Dame-du-Bourg** aus dem 13. Jh. Nördlich vom Boulevard Gassendi findet sich der **Jardin botanique des Cordeliers**, der Garten des ehemaligen Franziskanerklosters (Collège Maria Borrély, Mitte März–Mitte Nov.).

Sowohl Forcalquier (links) als auch die Kirche St-Sauveur in Manosque (rechts) blicken auf eine lange Geschichte zurück.

MUSEEN
Am Rand der „cité" ist in einem Palais aus dem 17. Jh. das **Musée Gassendi** untergebracht; es birgt Kunst aus den bischöflichen Sammlungen des 15. bis 18. Jh., Werke provenzalischer Maler des 19. Jh. sowie zeitgenössische Kunst (Blvd. Gassendi, www.musee-gassendi.org, Mi.–Mo. 11.00–19.00, Okt.–März 13.30–17.30 Uhr). Das Haus „Samten-Dzong" der wohl berühmtesten Asien-Reisenden und Forscherin des 19. Jh., **Alexandra David Néel**, widmet sich als **Museum** der tibetanischen Kultur (Ave. Maréchal Juin, http://alexandra-david-neel.com, Führungen tgl.).

HOTEL
Familiär präsentiert sich die € / € € **Villa Gaia** (24, Route de Nice, www.hotel-villagaia-digne.com, nahe einer Ausfallstraße).

AUSFLUG
Am 14. August 1891 stieß der **Train des Pignes**, der Pinienzapfenzug, erstmals sein weißes Dampfsignal aus. Heute können Wanderer alle drei bis fünf Kilometer aus- und zusteigen. Mehr als 50 Tunnel, Viadukte und Brücken liegen auf seiner über 150 km reichenden Strecke durch die Landschaft zwischen Digne und Nizza (3 Std.). Sie wird tgl. befahren, Mai–Okt. auf dem Teilstück Puget-Théniers – Annot per Dampflokomotive (www.trainprovence.com).

UMGEBUNG
Vor den Toren von Digne erstreckt sich auf mehr als 190 000 ha die **Réserve naturelle géologique de Haute-Provence**, eine Schutzzone von geologischem Interesse.

INFORMATION
Office de Tourisme Digne-les-Bains, Place du Tampinet, 04001 Digne-les-Bains,
Tel. 04 92 36 62 62,
www.ot-dignelesbains.fr

4 Forcalquier

Weithin sichtbar thront die Chapelle Notre-Dame-de-Provence auf dem bewaldeten Zitadellenhügel von Forcalquier, wo aus einem Kalkfelsen eine Quelle („font calquier") entsprang.

SEHENSWERT
Als Teil der ehemaligen Verteidigungsanlage reckt sich die trutzige **Kirche Notre-Dame de Bourguet** (12. Jh.) am gleichnamigen Haupt- und Marktplatz des Städtchens empor. Durch die Gassen des einstigen jüdischen Viertels um die Placette de Cordeliers gelangt man zur **Porte des Cordeliers** (14. Jh.), dem letzten der einst sechs Stadttore. Dahinter liegt das heute universitär genutzte Franziskanerkloster (13. Jh.), der **Couvent des Cordeliers**. Vom **Zitadellenhügel** mit traumhaftem Panoramablick erklingt So. (11.30 Uhr) eines der wenigen handbetriebenen Glockenspiele der Provence.

AKTIVITÄTEN
Auf einer **Ballonfahrt** lassen sich die Schönheiten des Pays de Forcalquier betrachten (Info/Reservierung über das Tourismusbüro).

Tipp

Gastliche Mönche

Die Mönche des **Klosters Ganagobie** pflegen die Gastfreundschaft mit einem eigens dafür zuständigen Herbergsvater (père hotelier). 12 Einzel- sowie 2 Doppelzimmer stehen in der Priorei zur Verfügung, der Mindestaufenthalt beträgt zwei Tage. Willkommen sind Personen beiderlei Geschlechts ab einem Alter von 18 Jahren. Der Übernachtungspreis beinhaltet Vollpension (ca. 30 €, frühzeitig reservieren!). Die Männer essen, falls gewünscht, mit den Mönchen im Refektorium, die Damen im Hoteltrakt.

Tel. 04 92 68 12 10,
p.hotelier@ndganagobie.com

UMGEBUNG
Mittelalterliche Festungsdörfer, romanische Kirchen, Kapellen, prächtige Landsitze charakterisieren die Region des Pays de Forcalquier zwischen dem kargen Lure-Gebirge und dem Luberon, so die **Abtei von Ganagobie** (15 km nordöstl.; www.ndganagobie.com, Di.–So. 15.00–17.00 Uhr). Mittelalterliche Mosaike (12. Jh.) schmücken den Fußboden im Altarbereich der Kirche dieser Benediktinerabtei. Die **Priorei von Salagon** westlich von **Mane** bietet auch ein kleines ethnologisches Museum (www.musee-de-salagon.com, Mi.–Mo. ab 10.00 Uhr, Jan. geschl.). Das ebenfalls bei Mane (4 km südl.) erbaute **Château de Sauvan** (18. Jh.) liegt in einem weitläufigen Park (Führungen; Mitte Nov. bis Ende Jan. geschl.). Das **Observatoire de Haute-Provence** nördlich von **St-Michel-l'Observatoire** zählt zu den wichtigsten Observatorien in Europa (www.obs-hp.fr), Tickets über das Office de Tourisme (www.saintmichellobservatoire.com). Rund 24 km nordwestlich verheißt das Städtchen **Banon** provenzalisches Flair. 18 m hoch ist die Rotunde des Turms im Schloss von **Simiane-la-Rotonde** (11 km südl.; www.simiane-la-rotonde.fr).

INFORMATION
Office de Tourisme Intercommunal de Forcalquier, 13, Place du Bourguet, 04300 Forcalquier, Tel. 04 92 75 10 02, www.forcalquier.com

5 Manosque

Dominiert von der grünen Kuppe des Mont d'Or, schmiegt sich Manosque in das breite Tal der Durance. Die Heimatstadt von Jean Giono bewahrte in einem Gürtel moderner Industrieansiedlungen ihre hübsche Altstadt.

SEHENSWERT
Wahrzeichen ist die **Porte Saunerie** im Süden, ein erhaltenes Stadttor (12. Jh.). Im Innern der Altstadt stehen die **Église St-Sauveur** (12./13. Jh.) sowie an der **Place de l'hôtel de ville** die romanische **Église Notre-Dame de Romigier** mit Renaissanceportal. Das **Wohnhaus von Jean Giono**, Lou Paraïs, befindet sich in der Montée des Vraies Richesses (Tel. 04 92 87 73 03, Fr. ab 15 Uhr nach Voranm.). Im Kulturzentrum **Centre Jean Giono** thematisieren 45 Tafeln Leben und Werk des Autors (1, Blvd. Elémir Bourges, www.centrejeangiono.com, Di.–Sa. 9.30–12.30, 14.00–18.00 Uhr, Okt. bis März nur 14.00–18.00 Uhr).

UMGEBUNG
Um die Maison de la Biodiversité erstrecken sich etwa 2,5 km vom Zentrum die Gärten von **La Thomassine** mit alten Obstsorten und Gemüse (Führungen, Tel. 04 92 87 74 40).

INFORMATION
Office de Tourisme de Manosque, 16, Place du Docteur Joubert, 04100 Manosque, Tel. 04 92 72 16 00, www.manosque-tourisme.com

Genießen Erleben Erfahren

DuMont Aktiv

Wandern zur Natur-Kunst

Andy Goldsworthy gilt als einer der wichtigsten Vertreter der Natur-Kunst, einer Variante der Land-Art. In der Hochprovence hat er für sein Projekt Refuges d'art seit Ende der 1990er-Jahre historische Pfade und verlassene Bauten restauriert, die er mit einem Kunstwerk versah. Ein 150 km langer, ganz besonderer Wanderweg ist so entstanden.

Eine Dreiviertelstunde geht es von Draix der gelben Markierung folgend hinunter zur Brücke, dann bergan durch dichten Wald. Mit einem Mal öffnet sich die Landschaft und die Ferme Belon liegt vor dem Wanderer. Wie ein gemauertes Nest „klebt" das Steinhäuschen am Hang. Das alte Bauernhaus ist eine der von Andy Goldsworthy bislang realisierten Refuges d'art.

Den Augen bietet sich zunächst ein kavernenartiger Raum mit einer gemauerten Feuerstelle und Holzmöbeln. Doch eine moderne Holztreppe führt ins flache, fast fensterlose Untergeschoss. Aus der Dämmerung schält sich dort allmählich eine Reihe schneeweißer Bögen aus Steinblöcken. Welch eine Überraschung! Fast meint man, diese architektonischen „Phantome" in Bewegung zu sehen. Ein starker Kontrast zur sonnenerfüllten Natur da draußen ...

Weitere Informationen

Wanderer können die nicht immer gut beschilderte Route individuell begehen. *www.refugesart.fr* (frz. und engl.).
Die erfahrenen Bergführer Pascale Salzar, Timothée Trichet und Eric Lagarde bieten Touren an: 5 Tage (Gehzeit tgl. ca. 5 Std.) inkl. Verpflegung, ab 600 Euro
Etoile Rando, Seyne les Alpes
Tel. 04 92 35 37 38
www.etoile-rando.com

Aspekte der Provence: römische Relikte in Glanum (oben), Lavendelfelder (oben rechts), Künstlerspuren in Aix (unten rechts).

Service

Eine Reise in die Provence führt in eine abwechslungsreiche Landschaft, zu hervorragenden Restaurants und charmanten Hotels. Wichtige Infos für die Vorbereitung finden Sie hier.

Anreise

Mit dem Auto: Von Deutschland aus erreicht man die Provence am schnellsten über die A 7 via Lyon und Valence in Richtung Montélimar, Avignon. Die zeitintensivere, aber landschaftlich eindrucksvolle Route führt von Grenoble über die historische Route Napoléon nach Aix.
Mit dem Zug: Der Hochgeschwindigkeitszug TGV fährt einmal tgl. von Frankfurt via Avignon und Aix-en-Provence direkt nach Marseille (7,45 Std.); auch von Köln oder Stuttgart geht es mit TGV/ICE via Mannheim/Karlsruhe recht zügig in Richtung Mittelmeer – zu Preisen ab 39 Euro für eine Strecke (www.bahn.de, www.voyages-sncf.com).
Mit dem Flugzeug: Als Linien-Carrier fliegen derzeit Air France nonstop von Berlin (Tegel) und Lufthansa von Frankfurt und München den Flughafen Marseille–Marignane an (www.marseille-aeroport.fr). Marseille-Marignane ist mit einem Shuttlebus ab/bis Aix-en-Provence schnell zu erreichen (8,20 Euro). Weitere Expressbusse fahren u. a. von/nach Salon-de-Provence (einf. Fahrt 2,90 Euro). Der Shuttle vom Flughafen Marignane ins Zentrum von Marseille kostet 8,20 Euro, 8,80 Euro inkl. ÖPNV in der Stadt (www.navettemarseilleaeroport.com), Taxis sind teurer (ca. 40–50 Euro).

Auskunft

Atout France /
Französische Zentrale für Tourismus
... in Deutschland
Postfach 10 01 28, 60001 Frankfurt am Main,
info.de@rendezvousenfrance.com,
www.rendezvousenfrance.com
... in Österreich
Tel. 01 5 03 28 92,
info.at@rendezvousenfrance.com,
http://at.rendezvousenfrance.com/de
... in der Schweiz
info.ch@rendezvousenfrance.com,
http://ch.rendezvousenfrance.com/fr
Keine der drei Adressen hat jedoch Publikumsverkehr.

Regionales Fremdenverkehrsamt
La Maison de la Région, 61, La Canebière,
Marseille, Tel. 04 91 57 57 50,
www.regionpaca.fr

Autofahren

Frankreichs Autobahnen sind mautpflichtig (Maut: „péage"). Die Höchstgeschwindigkeit auf der Autobahn beträgt 130 km/h, bei Regen 110 km/h, auf National- und Départementalstraßen (N, D) 90 km/h, bei Regen 80 km/h, in Ortschaften 50 km/h. Die Polizei kontrolliert sehr streng, überall sind feste Radaranlagen installiert, und schon bei geringen Tempoüberschreitungen werden hohe Geldbußen verhängt.
Promillegrenze: 0,5. Sicherheitsgurte sind in Frankreich sowohl hinten als auch vorne Pflicht. Kinder unter 10 Jahren müssen in Kindersitzen angeschnallt werden.

Essen & Trinken

Exzellenter Wein, feinstes Öl, duftende Kräuter – voilà, die Basis für die provenzalische Küche. Dazu knackiges Gemüse, frischer Fisch von der Küste, zartes Lammfleisch aus Sisteron, Stierbacken oder die „Gardiane de toro" aus der Camargue, die legendären Trüffel des Tricastin (siehe S. 30 f.), zudem Honig, Ziegenkäse ...
Früher als in anderen Regionen Frankreichs hat man sich im Süden auf Tradition und Qualität der Produkte besonnen; viele von ihnen tragen daher inzwischen das Bio-Label oder schmücken sich mit dem Etikett A.O.C. (Appellation d'origine controlée). So weisen auch einige Olivenprodukte der Provence und Olivenöle das Gütesiegel auf.
Einfachheit und Luxus vereinen sich auf den Tischen der Provence – angefangen bei der „Aigo boulido" (wörtl. kochendes Wasser), einer köstlichen Knoblauchsuppe mit Thymian, Lorbeer und Salbei, über die mit reichlich Basilikum (pesto) aromatisierte „Soupe au pistou" aus verschiedenen Gemüsesorten und die ursprünglich schlichte „Bouillabaisse" bis hin zum klassischen Rindfleisch – „Agout daube provençale" und „Pieds-et-paquets". Für Letztere schmoren mit Fleisch und Gewürzen gefüllte Lammkutteln und Lammhaxen stundenlang mit Knoblauch, Kräutern, Speck und Tomaten in Weißwein oder Bouillon, um schließlich als kleine Pakete serviert zu werden.
Zum Verdauen all der Köstlichkeiten bietet sich ein provenzalischer Schnaps an, z. B. die klassische 40-prozentige „Farigoule" aus Thymian oder einer der Tresterbrände, wie etwa die Gnôle (gesprochen: „njoll"), fermentiert und destilliert aus roten Trauben.

Jachten liegen im kleinen Hafen Vallon des Auffes in Marseille geschützt vor Anker.

Feste und Feiertage

Feiertage
1. Januar, Ostermontag, 1. Mai, 8. Mai: Kriegsende 1945, Christi Himmelfahrt, 14. Juli: Nationalfeiertag, 15. August: Mariä Himmelfahrt, 1. November: Allerheiligen, 11. November: Kriegsende 1918, 25. Dezember: Weihnachten

Große Feste und Festivals
La Feria de Pâques, Auftakt der Stierkampfsaison, Arles (Ostern)
Zigeunerwallfahrt, Stes-Maries-de-la-Mer (Mai)
Opernfestspiele, Aix-en-Provence (Juli)
Festival d'Avignon (Juli)
Chorégies d'Orange (Juli/August)
Marché flottant, L'Isle-sur-la-Sorgue (August)
Fiesta des Suds, Marseille (Oktober)
Abstieg der Hirten zur provenzalischen Krippe, Allauch (Dezember)

Flusskreuzfahrten

Die einst als unbezähmbar geltende Rhône ist heute auf das Angenehmste mit dem Schiff zu befahren. Viele Reedereien bieten nicht nur Tagestouren, sondern auch Ausflüge über mehrere Tage in Hotelschiffen an. Auskünfte erteilen u. a. die Tourismusbüros von Avignon, Arles und Stes-Maries-de-la-Mer.

Geld

Zahlungsmittel im EU-Land Frankreich ist der Euro. Geldautomaten findet man fast überall. Kreditkarten (vor allem Eurocard und Visa) werden in den großen Hotels, in Restaurants und vielen Geschäften, in Supermärkten, an Tankstellen sowie den Mautstellen der Autobahn angenommen.

Hotels

Die vielen Unterkunftsmöglichkeiten in der Provence umfassen Luxushotels wie einfache Stadtherbergen, ländliche „Gîtes ruraux" in Bauerngehöften, Ferienhäuser, Campingplätze. „Gîtes ruraux" und Ferienhäuser müssen meist für eine Woche gemietet werden. Verbreitet sind „Chambres d'hôtes", private Gästezimmer. Ihr Ambiente reicht von schlicht („à la ferme") bis edel. Sie sind in der Regel tageweise zu mieten. In vielen der Chambres wird auch die „Table d'hôtes" angeboten, das gemeinsame abendliche Mahl der Gäste.

Preiskategorien

€€€€	Doppelzimmer	über 200 €
€€€	Doppelzimmer	150–200 €
€€	Doppelzimmer	100–150 €
€	Doppelzimmer	50–100 €

Literatur

Baedeker Reiseführer Provence, Côte d'Azur (Ostfildern 2016): Alles rund um Kultur, Kunst, Sehenswürdigkeiten, aber auch Genuss ist hier zu finden. Ausführliche Städtebeschreibungen, gutes Kartenmaterial.
Jean Bagnol: Commissaire Mazan und der blinde Engel (München 2015). Ein neuer Fall des erfolgreichen Autorenduos Nina George und Jo Kramer, angesiedelt zwischen Mazan und Paris. Hauptfigur ist ein gerade in die Provence umgezogener Maler.
Stefan Brändle: Im Licht der Provence – Maler und Dichter im Midi (Ditzingen 2010): Der Zürcher Frankreichkorrespondent hat sich auf die Spuren von sechs Künstlern begeben – darunter natürlich Vincent van Gogh und Paul Cézanne, aber auch René Char und Jean Giono.
DumontDirekt Provence (Klaus Simon, Ostfildern 2015). Handverlesene Adressen vom langjährigen Kenner der Region für alle wichtigen Orte zum Übernachten, Essen und Trinken, Einkaufen und Ausgehen.
DuMont Reise-Taschenbuch Provence (Susanne Tschirner, Ostfildern 2014): Schneller und unkomplizierter Einstieg in die Region, mit Daten, Essays, Entdeckungstouren und Lieblingsadressen der Autorin.
Georg Henke: DuMont Wanderführer Provence (Ostfildern 2012): 32 Tages- und 3 Mehrtagestouren über alte Maultierwege und Macchiapfade zwischen Rhônetal und Verdon-Schlucht; mit Karte und Höhenprofil.
Rita Henß: Ein Jahr in der Provence (Freiburg 2013): Erzählerische Reise in den Alltag, mit Themen wie Weinlese, Künstler einst und jetzt, öffentliche Verkehrsmittel u. v. m.
Jean-Claude Izzo: Mein Marseille (Freiburg 2010): Die geheime Heldin aller Romane von Jean-Claude Izzo war stets Marseille. Diese Texte aus dem Nachlass des im Jahr 2000 ver-

Info

Daten und Fakten

Landschaft: Die historische Provence umfasst das Gebiet zwischen unterer Rhône, Mittelmeer und Voralpenland. Die mediterran geprägte Region ist weitgehend Gebirgsland, durchzogen von zahlreichen Flüssen. Die wichtigsten sind neben der Rhône ihr Nebenfluss Durance, der Verdon und die Sorgue. Südöstlich von Arles erstreckt sich die kahle Schotterebene der Crau, zwischen den beiden Mündungsarmen der Rhône und westlich der Petit Rhône dehnt sich die Schwemmlandschaft der Camargue mit Sümpfen, Salzflächen, Seen und Dünen aus. Die kalkhaltigen Hochebenen und Karstaufwerfungen der Provence (Plateau de Vaucluse, Plateau de Valensole sowie Chaîne des Alpilles) münden am Küstensaum in die vom Meer über Jahrtausende gefurchten Calanques.
Region: PACA – Région Provence-Alpes-Côte d'Azur; Gesamtfläche: ca. 32 000 km²; Einwohner: 4,8 Mio.
Departements sind Bouches-du-Rhône, Var, Vaucluse, Alpes-de-Haute-Provence, Hautes-Alpes und Alpes-Maritimes
Berge: Mont Ventoux (1912 m, höchster Berg)
Montagne Ste-Victoire (1011 m)
Massif de la Ste-Baume (994 m)
Grand/Petit Luberon (mittlere Höhe ca. 600 m; Gipfel Mourre Nègre, 1125 m)
Les Baronnies (969–1317 m)
Städte: Marseille (855 000 Einw., größte Stadt); Aix-en-Provence (140 000 Einw.); Avignon (90 000 Einw.); Arles (50 000 Einw.); Orange (30 000 Einw.)
Wirtschaft: Die Provence zählt inzwischen zu den großen Industriezentren Frankreichs. Moderne Landwirtschaft und Tourismus sind ebenfalls prägende Faktoren.
Sprache: Neben dem seit dem 16. Jh. offiziellen Französisch liest man (vor allem auf Orts- und Restaurantschildern) mitunter auch das Provenzalische (prouvençau). Gesprochen wird diese Variante des Okzitanischen jedoch eher selten.

Verlockend: das kulinarische Angebot in den Halles des Avignon wie auch direkt am Hafen von Marseille.

Schmackhaftes Olivenöl in allen erdenklichen Varianten.

storbenen Autors erzählen von den Menschen, dem Licht und den Farben seiner Heimatstadt.
Alexander Kluy: Jüdisches Marseille und die Provence (Wien 2013): Sorgfältig recherchierte Einblicke in die wechselvolle Geschichte der Juden im Süden Frankreichs mit Vorschlägen zu Stadtspaziergängen.
Pierre Magnan: Das Mädchen vom Ende der Welt (Heidelberg 2014): Ein Dorf in der rauen Haute Provence während der 1950er-Jahre ist Schauplatz dieses Spätwerks des großen Provence-Autors (1922–2012), der u.a. auch der literarische Vater von Kriminalkommissar Laviolette ist. Seine Protagonistin Laure, scheinbar chancenlos im Leben, trotzt ihrem schroffen Umfeld; einfühlsam schildert Magnan die Entwicklung des als Frühgeburt auf die Welt gekommenen Bauernmädchens.
Marcel Pagnol: Eine Kindheit in der Provence (München 2007): Seine Bücher atmen tatsächlich den Duft von Rosmarin und Lavendel – in diesem Buch erinnert sich Pagnol an die Ferien, die er mit seiner liebenswert-chaotischen Familie in Onkel Jules' abgelegenem Haus verbrachte.

Notruf

Allgemeiner Notruf für Polizei (Police Secours), Krankenwagen/Unfallrettung (SAMU), Feuerwehr (pompiers): 17
Europäische Notfallnummer: 112

Reisezeit

Am schönsten ist es in der Provence im Mai und Juni, wenn die Mohnfelder blühen und der Lavendel (oft erst Anfang Juli). Im Sommer strahlt die Sonne sowohl an der Küste als auch im Inneren der Region sehr intensiv; Tagestemperaturen von mehr als 30 °C sind keine Seltenheit. Angenehm vom Klima her ist oft wieder der September.
Die provenzalischen Winter schwanken zwischen mild und kalt – der Mistral (der oft bis in den Mai hinein weht) lässt die Temperaturen sehr schnell fallen, und zwar durchaus auch unter 0 °C.

Restaurants

Die Provence ist ein kulinarisches Paradies. Kaum anderswo in Frankreich drängen sich die Spitzenköche so dicht. Viele der hochgelobten Küchenchefs haben inzwischen günstigere Bistro-Ableger zu ihren meist hochpreisigen Res-

Preiskategorien

€€€€	Menu	über 50	€
€€€	Menu	30–50	€
€€	Menu	20–30	€
€	Menu	10–20	€

Info

Geschichte

um 600 v. Chr.: Die Griechen gründen Massalia (Marseille).
um 400 v. Chr.: Kelten dringen ins Land.
um 125 v. Chr.: Die keltische Hauptstadt Entremont wird zerstört. An gleicher Stelle entsteht Aqua Sextiae (Aix-en-Provence).
58–51 v. Chr.: Cäsar erobert Gallien.
1.–5. Jh.: Blütezeit der Provence unter der Herrschaft der Römer
419–478: Westgoten und Burgunder besetzen das Gebiet südlich und nördlich der Durance.
739: Beginn der arabischen Invasion.
843: Nach dem Vertrag von Verdun wird das Frankenreich geteilt; die Rhône wird zur Grenze zwischen Westfränkischem und Ostfränkischem Reich.
855–863: Erstes Königreich Provence.
12. Jh.: Südfrankreich wird zum Zentrum des Minnesangs.
1309: Für fast sieben Jahrzehnte übersiedelt der Heilige Stuhl von Rom nach Avignon.
15. Jh.: Unter dem „guten" König René erleben Künste und Kultur einen Aufschwung.
1482: Über die Provence herrscht Ludwig XI., 1489 wird sie dem französischen Königreich angegliedert.
16. Jh.: Blutige Religionskriege gegen die Waldenser und Protestanten (Hugenotten).
1720: Schwarze Pest in Marseille.
1792: Ein Freiwilligenbataillon aus Marseille singt beim Sturm auf die Tuilerien in Paris Rouget de Lisles „Kriegslied der Rheinarmee". Unter der Bezeichnung „Marseillaise" wird es 1795 zur Nationalhymne Frankreichs erklärt.
1942: Deutsche Truppen besetzen die Provence, die die Alliierten zwei Jahre später befreien.
1947: Geburtsstunde der Theaterfestspiele von Avignon und des Opernfestivals von Aix-en-Provence.
1983: Regionalreform: Das Verwaltungsgebiet PACA wird gegründet, Provence-Alpes-Côtes d'Azur. Politisches Zentrum ist Marseille.
1991: Der Tauchlehrer Henri Cosquer entdeckt bei Cassis in einer Grotte 18 000 bis 27 000 Jahre alte Felsmalereien.
2001: Einweihung der Trasse für den Hochgeschwindigkeitszug TGV Paris – Marseille.
2006: Der Flughafen Marseille – Marignane erhält einen neuen Terminal (MP2).
2007: Marseille weiht den ersten Abschnitt seines Straßenbahnnetzes ein.
2008: Die Autobahnen Marseille – Lyon und Marseille – Toulon werden durch einen Tunnel verbunden.
2012: Eröffnung der direkten TGV-Verbindung Frankfurt – Marseille.
2013: Marseille ist Kulturhauptstadt, gemeinsam mit Košice in der Slowakei.
2015: Die neue Eurostarlinie verbindet London direkt mit Avignon und Marseille (ca. 6 Std.). Marseille weiht eine neue Straßenbahnlinie ein (T3).

Info

Reisedaten

Flug von Deutschland: Zum Beispiel Linienflug München – Marseille bzw. Frankfurt – Marseille ab ca. 129 Euro, Berlin – Marseille ab ca. 178 Euro
Inlandsverkehr: Busfahrt Aix-en-Provence – Marseille 5,70 Euro
Reisepapiere:
EU-Bürger: Reisepass oder Personalausweis, Führerschein, Grüne Versicherungskarte
Devisen: Euro
Mietwagen: ab 31 Euro pro Tag (unbegrenzte Kilometer)
Benzin: 1 Liter Super ab ca. 1,47 Euro
Ortszeit: MEZ / MSZ

taurants ins Leben gerufen und junge Talente feilen vielerorts auf bezahlbarem Niveau an der zeitgenössischen Interpretation regional verwurzelter Aromen. Alteingesessene Patrons und Patronnes halten zudem die Tradition der „Cuisine du terroir" in Dorfgasthöfen in Ehren; hungrige Wanderer und Radler finden in den „Fermes Auberges" meist bäuerliche Kost, die den Geldbeutel kaum belastet.
Es lässt sich aber auch Fast Food genießen: Das erste provenzalische Lokal dieser Art („manjo-léu") bietet beispielsweise Sandwiches mit Stierfleisch oder eine Limonade aus der Region (Le carré des gourmands, Zac de la Gare in St-Rémy).

Sport

Vom Ventoux zum Verdon, von den Hügeln der Alpilles zum Tal des Buëch bietet die Provence ein außergewöhnliches Spektrum an Sportmöglichkeiten. Die wichtigsten sind Wasseraktivitäten (Kanu, Kajak, Rafting, Canyoning, Surfen, Segeln), Wandern, Radfahren und Klettern. Auch Drachenflieger, Reiter und Golfer kommen auf ihre Kosten.
Wandern: Für Langstreckenwanderer hat die Region zahlreiche Große Wanderwege ausgeschildert, die sogenannten GR („Grandes Routes"). Sie verlaufen u. a. durch den Verdon, das Lure-Gebirge, auf den Mont Ventoux etc. Andere Pfade schlängeln sich an der Küste entlang (z. B. auf den Felsen der Corniche des Crêtes zwischen Cassis und La Ciotat), führen zu berühmten Malerstätten, auf die einsamen Kämme des Grand und Petit Luberon oder in die Weite der Camargue. Allein im Departement Vaucluse sind 4000 km Wanderwege ausgeschildert.
Die Markierungen sind in den letzten Jahren merkbar besser geworden; dennoch kann es vorkommen, dass sie unvollständig sind, zerstört, verwittert oder nicht ganz schlüssig. Die besten Wanderzeiten sind von etwa Ostern bis Ende Mai und Sept./Okt. Im Sommer ist es oft zu heiß, zumal die meisten Wanderungen wenige schattige Passagen haben. Auch sind Wege zum Teil wegen der großen Waldbrandgefahr im Juli und August eingeschränkt begehbar (nur zwischen 6.00 und 11.00 Uhr) oder ganz gesperrt (z. B. in den Alpilles und den Calanques).
Radfahren: Radsportfans können in der Provence gleich an mehreren Stellen den Spuren ihrer Champions folgen.
Zu den größten Herausforderungen, die durch die Tour de France Berühmtheit erlangten, zählt der Mont Ventoux mit seiner kahlen, fast 2000 m hohen Kuppe. Hunderte von Rennrad-Amateuren strampeln im Sommer auf den verschiedenen Routen zum Gipfel.
Deutlich weniger anstrengend ist die rund 200 km lange, durchgehend ausgeschilderte Radwanderstrecke durch den Luberon von Cavaillon über Apt, Forcalquier, Manosque und Lourmarin oder der knapp 40 km lange Rundkurs um Valréas im Norden. Stets im gleichen Gang lässt sich schließlich die völlig ebene Camargue durchfahren.
Mountainbiker finden in den Alpilles, im Var und im Departement Alpes-de-Haute-Provence mehrere Hundert Kilometer Pisten.
Kanu & Kajak: Sturzbäche, Wasserfälle, Canyons und Schluchten – die Kräfte fließenden Wassers haben die Region Provence-Alpes-Côtes d'Azur vom Plateau de Vaucluse bis zu den Südalpen geprägt und sie zu einem Dorado für Wassersportler gemacht. Paddeln, Wildwasserfahren, Rafting und Canyoning: alles ist möglich.
Eines der bekanntesten und schönsten Reviere für abenteuerliche Wassersportarten ist der Verdon mit seinem berühmten Canyon. Seine Stromschnellen tragen so vielversprechende Namen wie „Niagara", „Styx" und „Souricière". Für weniger anspruchsvolle Kanuten und Kajakfahrer beziehungsweise Flussausflüge mit Kindern eignet sich zum Beispiel die Sorgue im Departement Vaucluse.
Klettern: Für Extremkletterer in Europa sind die Schluchten des Verdon das wohl begehrteste Ziel. Knapp tausend Strecken aller Schwierigkeitsgrade sind in den Kalkfelsen hoch über dem Fluss eingerichtet. Kultstatus hat die Falaise de l'Escalès, eine 300 m hohe senkrechte Wand, ohne dass es eine Möglichkeit gäbe, sich kurz mal auszuruhen.
Für Anfänger wie für Fortgeschrittene eignen sich die Felsen in der Montagne Ste-Victoire bei Aix und etwa in den Dentelles de Montmirail. Ein faszinierendes Klettergebiet sind auch die Wände der Calanques südlich von Marseille.
Reiten: Auf dem Rücken weißer Pferde durch eine Landschaft zwischen Fluss und Meer zu galoppieren gehört zur Sehnsuchtsvorstellung vieler Camargue-Besucher. Wenn der Andrang im Sommer zu groß ist, wird aus der erhofften „Promenade à cheval" aber oft nur ein müder Minutentrott. Die Hochprovence können Reiter auf geführten Ausritten erkunden (z. B. von Forcalquier aus).
Surfen: Für Surfer und Wellenreiter aller Niveaus eignen sich die Strände von Stes-Maries-de-la-Mer und Sausset (La Dalle) sowie Epluchure beach (Marseille). Surfer mittleren Könnens finden gute Wellen unter anderem bei L' Arène (Cassis) und Colombet (Madrague). Die Spots für gute und sehr gute Surfer sind La Ciotat sowie die Marseiller Küste, vor allem Boutofolle (Madrague).

Marseille ist beliebter Anlaufpunkt für Mittelmeerkreuzfahrten.

Telefon

Ländervorwahlen
Deutschland 0049,
Österreich 0043,
Schweiz 0041.
Bei Telefonaten innerhalb der Provence immer die Zonennummer mitwählen (04).
Es gibt in Frankreich fast nur noch Kartentelefone. Telefonkarten („une télécarte") gibt es in den Bureaux de tabac oder bei der Post (P.T.T.). Durch die EU-Roaming-Gebühren (Eurotarif) gibt es auch für Mobilfunk-Nutzer kaum noch erhöhte Kosten beim Telefonieren beziehungsweise Versenden von SMS. Für die Zukunft geplant ist ein kompletter Wegfall der Gebühren innerhalb der Eurozone.

Wellness und Thermalbäder

In den Thermalbädern der Haute-Provence hat Wellness das klassische Kurwesen abgelöst beziehungsweise ergänzt die therapeutischen Anwendungen. Zum Standard gehören hier unter anderem Annehmlichkeiten wie Aromatherapien, aber auch Verbindungen von Wellnessangeboten mit Fitnessofferten (www.chainethermale.fr). Angeboten werden auch Wochenendaufenthalte mit Spavergnügen.
Die keltisch-gallo-romanischen Höhlen-Thermalbäder von Gréoux-les-Bains haben die Besonderheit, das Heilwasser mit „schmerzlindernden" Schlammbädern und belebenden, kräftigenden Pflegebehandlungen zu verbinden (www.chainethermale.fr). Hydrotherapie-Angebote gibt es zudem in Aix-en-Provence. Die ehemaligen römischen Thermalbäder Sextius besitzen eine Warmwasserquelle, deren Wirkstoffe die natürlichen Körperfunktionen wieder anregen.
Das Thalassozentrum von Marseille ist in einem Schlösschen an der Corniche untergebracht (www.chateauberger.com). Das Thalacap Camargue in Les Stes-Maries-de-la-Mer ist von einer im typischen Stil der Region eingerichteten 3-Sterne-Ferienwohnanlage umgeben (www.thalacap.com). Auch in einigen Häusern der luxuriösen Relais & Châteaux-Vereinigung und Hotels der 4- und 5-Sterne-Kategorie stehen Wellness- und Beautyeinrichtungen zur Verfügung, wie zum Beispiel in Gordes.

Zoll

Im privaten Reiseverkehr innerhalb der EU dürfen Waren zum eigenen Verbrauch unbegrenzt mitgeführt werden. Es gelten die allgemeinen EU-Bestimmungen.

Info

Wetterdaten Marseille

	Tages-Temp. max.	Tages-Temp. min.	Wasser-Temp.	Tage mit Niederschlag	Sonnenstunden pro Tag
Januar	10°	2°	12°	7	4
Februar	12°	2°	12°	7	5
März	15°	5°	13°	6	6
April	18°	8°	13°	5	8
Mai	22°	11°	15°	6	10
Juni	26°	15°	18°	4	10
Juli	29°	17°	21°	2	12
August	28°	17°	21°	3	10
September	25°	15°	20°	4	8
Oktober	20°	10°	18°	5	6
November	15°	6°	16°	4	5
Dezember	11°	3°	14°	5	4

Zauberhafte Abendstimmung in der Camargue

Register

Impressum

4. Auflage 2016

Verlag: DuMont Reiseverlag, Postfach 3151, 73751 Ostfildern, Tel. 0711/4502-0, Fax 0711/4502-135, www.dumontreise.de
Geschäftsführer: Dr. Thomas Brinkmann, Dr. Stephanie Mair-Huydts
Programmleitung: Birgit Borowski
Redaktion: Christiane Wagner; Konzeption & Redaktion, Leinfelden-Echterdingen
Text und Aktualisierung: Rita Henss
Exklusiv-Fotografie: Roland Gerth
Titelbild: laif: Polaris/Hermann Bredehorst

Zusätzliches Bildmaterial: Corbis: Owen Franken 26 oben links, 94 oben rechts, Jason Langley 21 oben links, Frederic Soltan 20 links, Keith Ladzinski/alex-honnold-MR.pdf/Aurora Photos 10/11, SUDRES Jean-Daniel 21 Mitte; DuMont Bildarchiv: Christiane Böttcher und Thomas Tiensch 57, 116 oben links, Björn Göttlicher 81, Holger Leue 35 oben, Sabine Lubenow 99 oben; Getty: Brigitte Merle 114 oben links, Steven Morris Photography 49, Philippe Petit 46, Visions of Our Land 94 links; Huber Images: Christian Bäck 66 oben links, R. Maier 67 unten; Mannakee Tim 34 oben rechts, S. Raccanello 4 unten rechts, 38 oben; laif: 51 unten rechts, 66 oben rechts, 95 oben rechts, 95 unten rechts, 118 oben links, Burg+Schuh/Palladium 5 oben, 8/9, Tobias Gerber 53 unten, Ian Hanning 41, hemis.fr/Romain Cintract 12/13, hemis.fr/Michel Cavalier 82 oben, hemis.fr/Jean-Pierre Degas 33 oben rechts, hemis.fr/Patrick Escudero 51 oben rechts, hemis.fr/Franck Guiziou 76 Mitte links, hemis.fr/Pierre Jacques 42 oben links, hemis.fr/Camille Moirenc 21 oben rechts, 63 unten, 76 rechts, 95 oben links, Hemispheres 35 unten, 103 unten, 110 oben, Henseler 52 oben links, Krinitz 98 oben, Lange 79 oben, Camille Moirenc 31 oben rechts, Raach 65 unten rechts, Emmanuel Valentin_eyeda 110 unten, ZirSignatures 62 links; Look: Karl Johaentges 16/17, Kay Maeritz 97 links, 113 oben rechts, Jürgen Richter 54/55, 117, travelstock44 108, Heinz Wohner 18/19; mauritius images: Alamy 20 rechts, 67 oben, 99 unten, 118 unten links, allOver 36/37, CuboImages 114 oben rechts, Garden Pictures Library 111, Robert Harding 98 unten, 113 unten rechts, Photononstop 31 unten rechts, imagebroker/White Star/Monica Gumm 79 unten, Udo Siebig 52 unten rechts; shutterstock: Netkoff 20 oben, 83 oben, 83 unten links, primiaou 21 unten, kostolom3000 94 oben, 95 links; Stockfood: Eising 47, Chris Meier 31 unten links, Laurence Toussaint 30, Michael Waring 83 unten rechts; The Bridgeman Art Library/Neue Pinakothek, München 87 oben; Willy van Sompel 33, 48; www.etoile-rando.com/Brovelli JP 115 unten, www.etoile-rando.com/Jean Paul Villegas 115 oben, www.lechateau-valensole.com 63 oben links, www.maisonartishow.com 63 oben rechts, 62 rechts

Textquellen: Licht der Provence, hrsg. von Ingeborg Tetzlaff, 3. Aufl., Köln 1980, S. 96 (Zitat S. 41), 121 (S. 73),158 (S. 91), 173 (S. 27). Alain de Botton, Die Kunst des Reisens, 4. Aufl., Frankfurt/M. 2009, S. 213 (S. 105)

Grafische Konzeption, Art Direktion: fpm factor product münchen
Cover Gestaltung: Neue Gestaltung, Berlin
Layout: CYCLUS · Visuelle Kommunikation, Stuttgart
Kartografie: © MAIRDUMONT GmbH & Co. KG, Ostfildern
Kartografie Lawall (Karten für „Unsere Favoriten")
DuMont Bildarchiv: Marco-Polo-Straße 1, 73760 Ostfildern, Tel. 0711/4502-266, Fax 0711/4502-1006, bildarchiv@mairdumont.com

 Erscheinungsweise: monatlich.

Anzeigenvermarktung: MAIRDUMONT MEDIA, Tel. 0711/4502333, Fax 0711/45021012, media@mairdumont.com, http://media.mairdumont.com
Vertrieb Zeitschriftenhandel: PARTNER Medienservices GmbH, Postfach 810420, 70521 Stuttgart, Tel. 0711/7252-212, Fax 0711/7252-320
Vertrieb Abonnement: Leserservice DuMont Bildatlas, Zenit Pressevertrieb GmbH, Postfach 810640, 70523 Stuttgart, Tel. 0711/7252-265, Fax 0711/7252-333, dumontreise@zenit-presse.de
Vertrieb Buchhandel und Einzelhefte: MAIRDUMONT GmbH & Co KG, Marco-Polo-Straße 1, 73760 Ostfildern, Tel. 0711/4502-0, Fax 0711/4502-340
Reproduktionen: PPP Pre Print Partner GmbH & Co. KG, Köln
Druck und buchbinderische Verarbeitung: NEEF + STUMME premium printing GmbH & Co. KG, Wittingen, Printed in Germany

FSC
www.fsc.org
MIX
Papier aus verantwortungsvollen Quellen
FSC® C001857

Lieferbare Ausgaben

Hamburgs Herz pocht an Elbe und Alster.

Die Kanaren sind vom Klima begünstigt – beste Voraussetzung für herrliche Strandtage.

Hamburg

Deutschlands Tor zur Welt
Der Hafen ist das Aushängeschild der Hansestadt, aber Hamburg hat natürlich noch weit mehr zu bieten, wir präsentieren alle Highlights.

Urbane Visionen
Aus alten Hafenvierteln werden trendige Stadtteile. Erleben Sie das „neue“ Hamburg.

Shopping hanseatisch
Hamburger Trend-Labels und Traditionshäuser, hier kaufen Sie zwar nicht günstig, aber gut!

Teneriffa
La Palma · La Gomera · El Hierro

Paradiesische Inseln
Sie wissen noch nicht wohin? Wir stellen Ihnen die Westkanaren ausführlich in Bild und Wort vor.

Exklusiv wohnen
Warum sich nicht mal etwas Besonderes gönnen, die besten Adressen auf Teneriffa und den kleinen Kanareninseln.

Wandern mit Aussicht
Unsere Favoriten – die neun erlebnisreichsten Wanderungen auf den Kanaren.

www.dumontreise.de

DEUTSCHLAND
119 Allgäu
092 Altmühltal
105 Bayerischer Wald
120 Berlin
162 Bodensee
121 Brandenburg
175 Chiemgau, Berchtesg. Land
013 Dresden, Sächs. Schweiz
152 Eifel, Aachen
157 Elbe und Weser, Bremen
125 Erzgebirge, Vogtland
168 Franken
020 Frankfurt, Rhein-Main
059 Fränkische Schweiz
112 Freiburg, Basel, Colmar
028 Hamburg
026 Hannover zw. Harz u. Heide
042 Harz
062 Hunsrück, Naheland, Rheinhessen
023 Leipzig, Halle, Magdeburg
131 Lüneburger Heide, Wendland
133 Mecklenburgische Seen
038 Mecklenburg-Vorpommern
033 Mosel
114 München
047 Münsterland
015 Nordseeküste Schleswig-Holstein
006 Oberbayern
161 Odenwald, Heidelberg
035 Osnabrücker Land, Emsland
002 Ostfriesland, Oldenb. Land
164 Ostseeküste Mecklenburg-Vorpommern
154 Ostseeküste Schleswig-Holstein
136 Pfalz
040 Rhein zw. Köln und Mainz
079 Rhön
116 Rügen, Usedom, Hiddensee
137 Ruhrgebiet
149 Saarland
080 Sachsen
081 Sachsen-Anhalt
117 Sauerland, Siegerland
159 Schwarzwald Norden
045 Schwarzwald Süden
018 Spreewald, Lausitz
008 Stuttgart, Schwäbische Alb
141 Sylt, Amrum, Föhr
142 Teutoburger Wald
170 Thüringen
037 Weserbergland
173 Wiesbaden, Rheingau

BENELUX
156 Amsterdam
011 Flandern, Brüssel
070 Niederlande

FRANKREICH
055 Bretagne
021 Côte d’Azur
032 Elsass
009 Frankreich Süden Languedoc-Roussillon
019 Korsika
071 Normandie
001 Paris
115 Provence

GROSSBRITANNIEN/IRLAND
063 Irland
130 London
138 Schottland
030 Südengland

ITALIEN/MALTA/KROATIEN
017 Gardasee, Trentino
110 Golf von Neapel, Kampanien
163 Istrien, Kvarner Bucht
128 Italien, Norden
005 Kroatische Adriaküste
167 Malta
155 Oberitalienische Seen
158 Piemont, Turin
014 Rom
165 Sardinien
003 Sizilien
140 Südtirol
039 Toskana
091 Venedig, Venetien

GRIECHENLAND/ ZYPERN/TÜRKEI
034 Istanbul
016 Kreta
176 Türkische Südküste, Antalya
148 Zypern

MITTEL- UND OSTEUROPA
104 Baltikum
122 Bulgarien
094 Danzig, Ostsee, Masuren
169 Krakau, Breslau, Polen Süden
044 Prag
085 St. Petersburg
145 Tschechien
146 Ungarn

ÖSTERREICH/SCHWEIZ
129 Kärnten
004 Salzburger Land
139 Schweiz
144 Tirol
147 Wien

SPANIEN/PORTUGAL
043 Algarve
093 Andalusien
150 Barcelona
108 Costa Brava
025 Gran Canaria, Fuerteventura, Lanzarote
172 Kanarische Inseln
124 Madeira
174 Mallorca
007 Spanien Norden, Jakobsweg
118 Teneriffa, La Palma, La Gomera , El Hierro

SKANDINAVIEN/NORDEUROPA
166 Dänemark
153 Hurtigruten
029 Island
099 Norwegen Norden
072 Norwegen Süden
151 Schweden Süden, Stockholm

LÄNDERÜBERGREIFENDE BÄNDE
123 Donau – Von der Quelle bis zur Mündung
112 Freiburg, Basel, Colmar

AUSSEREUROPÄISCHE ZIELE
010 Ägypten
053 Australien Osten, Sydney
109 Australien Süden, Westen
107 China
024 Dubai, Abu Dhabi, VAE
160 Florida
036 Indien
027 Israel
111 Kalifornien
031 Kanada Osten
064 Kanada Westen
171 Kuba
022 Namibia
068 Neuseeland
041 New York
048 Südafrika
012 Thailand
046 Vietnam